女工哀史を超えた紡績女工

飯島喜美の不屈の青春

モスリンの着物を着た飯島喜美——東京モスリン亀戸工場時代

玉川寛治

治安維持法犠牲者国家賠償要求同盟千葉県本部発行

序にかえて

治安維持法犠牲者国家賠償要求同盟千葉県本部　会長
小松　実

飯島喜美《いいじまきみ》が働いていた東京モスリンの改名会社・大東紡織の元技術者で、治安維持法国家賠償要求同盟（以下「国賠同盟」）千葉県本部の理事でもある玉川寛治さんの「女工哀史を超えた紡績女工　飯島喜美の不屈の青春」が、いよいよ出版の運びとなり、これに過ぎる喜びはありません。

飯島喜美については、「日本共産党の七十年」（一九九四年、日本共産党中央委員会）にも、第三章「中国侵略戦争の開始から日本帝国主義の敗北まで」のなかに「暴圧下の侵略と専制に反対する闘争」として、小林多喜二らのたたかいに続いて、伊藤千代子（長野県出身）、田中サガヨ（山口県出身）、高島満兎（福岡出身）らとともに「モスクワでひらかれたプロフィンテルン大会で日本初の女性労働者の代表として演説した飯島喜美（千葉県出身）」とあり、「少なからぬ女性党員が、残虐な拷問、侮辱に耐え、なかには家族や親戚までが縁を切るという『非国民』あつかいのなかで、権力の弾圧に抗して不屈にたたかい、社会進歩の運動に命をささげた。獄死した飯島の遺品のコンパクトには『闘争・死』の文字が刻まれていた。」（上巻・九七ページ）と紹介されています。

私たち千葉県に生き、社会進歩をめざすものにとって、飯島喜美の生涯とその足跡は、大きな誇りであり、限りなく私たちを励ます指針にもなってきました。

二〇一五年十一月には、国賠同盟千葉県本部が中心になって、没後八〇年を記念する「飯島喜美をしのぶ集い」を開催しました。玉川寛治さんにも講演をいただきましたが、会場は、座る椅子もないほどの盛況で、展示された自筆のはがきや当時の『無産者新聞』、とりわけ遺品のコンパクトには、大きな関心が寄せられました。

しかし残念なことに、これまで飯島喜美についてのまとまった著作というものがありませんでした。国賠同盟千葉県本部としては、同じく千葉県出身で戦前日本共産党委員長を務め、一九二八年台湾のキールンで非業の最期を遂げた渡辺政之輔らと並んで、飯島喜美の生涯とその足跡をさらに探求すると同時に著作にまとめ、さらに多くの方々に知っていただきたいし、私たち自身の糧ともしていきたいと考えました。

今回、玉川寛治さんのご尽力により、ようやくそれが実現いたしました。本書では、これまで知られていなかった喜美の思想的成長を促した南葛労働運動の関与や東京モスリンの労働者たちのたたかい、共産党細胞（現在は支部）の活動と弾圧、そして抵抗、喜美の工場内での活動の内容などが克明な調査によって明らかにされています。さらにはプロフィンテルン大会での代表団の活動内容、帰国後の喜美の活動や栃木刑務支所での獄中闘争なども、それらを補強する新たな資料とともに、初めて明らかにされています。ぜひ、一人でも多くの方に手に取っていただき、先人の事績をしのび、学ぶとともに、今を生きるエネルギーにしていただければと思います。

ご承知のように、戦前、絶対主義的天皇制のもとで、主権在民を主張し、侵略戦争に反対したために、稀代の悪法・治安維持法で弾圧され、多くの国民が犠牲になりました。小林多喜二のように警察署で虐殺された人は九三人を数えます。飯島喜美のように刑務所や拘置所での虐待・暴行・発病などにより獄死した人は、四〇〇〇人余にのぼります。逮捕・投獄され、人生を奪われ、あるいは傷つけられ捻じ曲げられた人は、数十万人に及ぶとされています。

しかし、日本政府は、今に至るもその犠牲者に対して、なんら謝罪も賠償もしてはいません。それどころか、二〇一七年六月、衆議院法務委員会で当時の金田勝年法務大臣は、日本共産党・畑野君枝衆議院議員の質問に対して、「治安維持法は、当時適法に制定されたものでありますので、同法違反の罪に係ります勾留・拘禁は適法でありまして、損害を賠償すべき理由はなく、謝罪及び実態調査の必要もないものと思料をいたしております。」などと、治安維持法を擁護・正当化する発言すら行いました。

ドイツ、イタリアは言うに及ばす、アメリカ、カナダ、スペイン等々、諸外国では、戦前・戦中の弾圧犠牲者に対する国による謝罪と賠償が、当然のように行われているのをみるとき、戦前・戦中の弾圧体制を正当化して恥じない日本政府の古く危険な体質に厳しい抗議の声をあげないわけにはいきません。「1．国は、治安維持法が人道に反する悪法であったことを認めること」「2．国は、治安維持法犠牲者に謝罪し、賠償を行うこと」「3．国は、治安維持法による犠牲の実態を調査し、その内容を公表すること」を求め、毎年、20万筆からの署名とともに国会請願を繰り返してきた国賠同盟の運動は、文字通り、戦争とそのための国民への弾圧に対する責任を国にきちんと認めさせることであり、それは「ふたたび戦争と暗黒政治を許すな」という同盟のスローガンにも見事に表明されているのではないでしょうか。

いま、安倍政権のもとで、九条改憲策動と戦前の美化とそこへの回帰が強引に進められようとしているとき、したがって国賠同盟の運動は、それと真っ向から対決するものとなっています。国賠同盟のさらなる運動と組織的発展が期待されるところです。

私たち千葉県本部も、その一翼を担う自覚のもとに、国賠同盟発足五〇周年（一九六八年発足）を記念する運動のなかで、大きな発展を勝ち取ってきました。さらに、今年は、国賠同盟千葉県本部創立四五周年（一九七四年十二月十四日結成）に当たります。本書はその記念事業の一環をなすものです。本書の発行を契機として、弾圧犠牲者の足跡を大いに発掘、顕彰する運動を進めると同時に、戦争と暗黒の政治の復活をもくろむ安倍政治と真っ向から対決する組織として、たゆみなく発展していくことを誓って、序にかえます。

目　次

表紙写真：藤田廣登撮影

没 80 周年「飯島喜美をしのぶ集い」で講演する筆者

Ⅰ．旭町の時代

飯島喜美実家跡（右奥・現、郷金旅館。手前・竜慶寺橋）

喜美は父飯島倉吉、母ちかの長女として一九一二年に生まれました。飯島家は、千葉県道71号銚子旭線の終点近く仁玉川に架かる竜慶寺橋のほとり、旭町二―二一〇二にありました。ここに喜美の本籍があります。現在この地には郷金旅館が建っています。喜美はこの家で、尋常小学校六年を一二歳で卒業するまで、暮らしました。

倉吉は、喜美の出生届を一九一一年十二月十七日に出しています。倉吉の戸籍謄本に次のように記載されています。「明治四拾四年拾弐月弐拾五日出生届出仝日受付　出生事項中出生場所千葉県匝瑳郡共和村鎌数四千二百七拾弐番地届出人父飯島倉吉右身分登記ニ依リ記載」。喜美は母親の実家での里帰り出産でした。

倉吉・ちか夫妻には喜美を筆頭に八人の娘と五人の息子が生まれたが、多くが夭折し、喜美を含め妹三人と弟二人が成人したのです。喜美の伝記を最初に書いた山岸一章は、「大正十一年三月に生まれた四男克さんの後は、一人をのぞいて二人（この部分は誤り：筆者）の弟さんと三人の妹さんが育って、現在も健在です」と書いています。（山岸一章「二　紡績労働者の飯嶋喜美コンパクトに「闘争・死」の文字」『不屈の青春――ある共産党員の記録』（以後

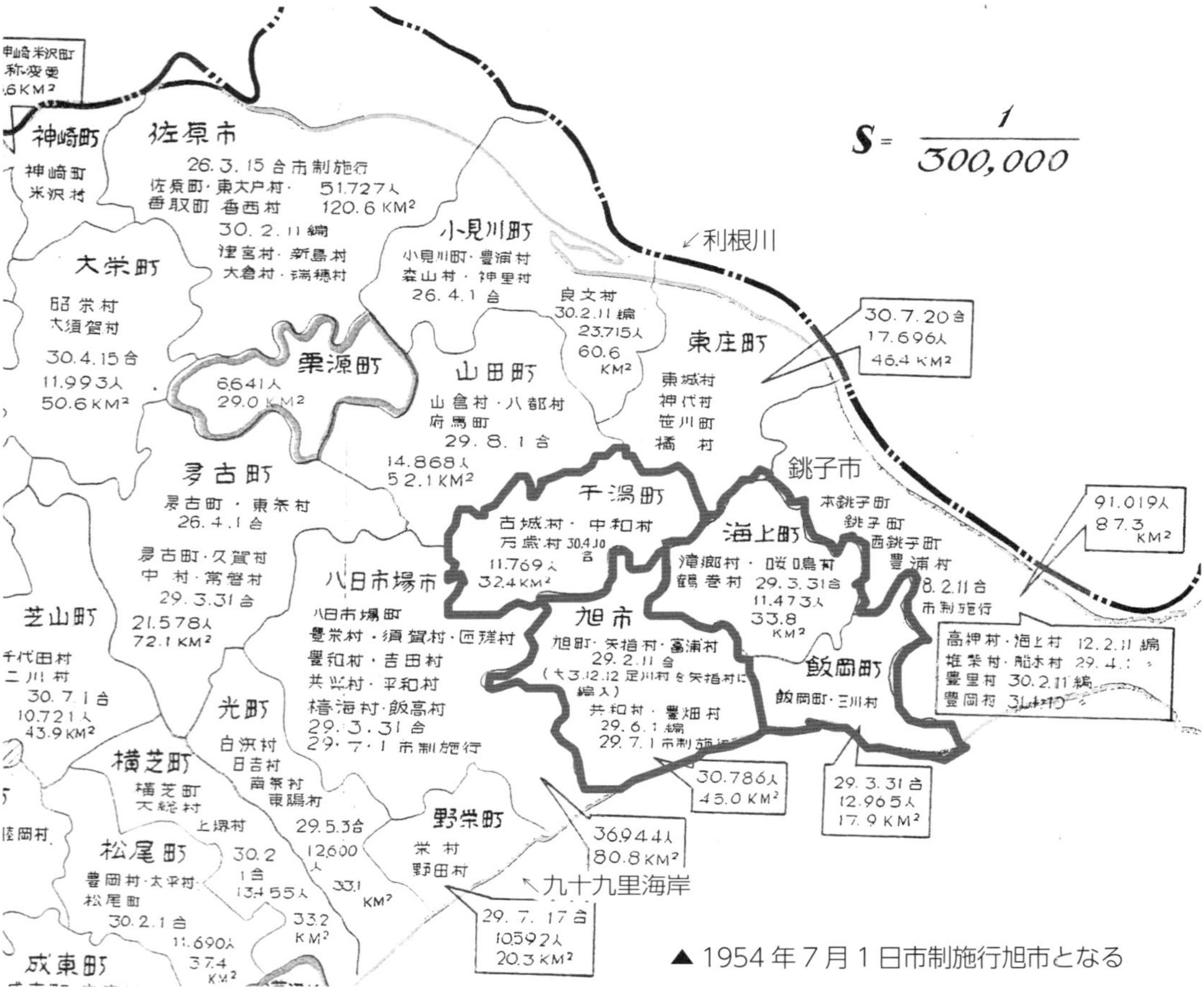

▲1954年7月1日市制施行旭市となる

『不屈の青春』という）新日本出版社、一九六九年、三六ページ）

旭町は、一八八九年、成田村、十日市場村、網戸村と太田村の四ヶ村を合して、海上郡旭町となりました。旭町の町名は将来旭の勢いで繁栄することを期待して命名されたといわれています。旭町の大字名は、成田村は「イ」、十日市場村は「ロ」、網戸村は「ハ」、太田村は「ニ」と片仮名一文字を当てました。その後、一九五四年七月一日市制を施行し旭市となり、二〇〇五年七月一日、旧旭市と香取郡干潟町、海上郡海上町、飯岡町が対等合併し新しい旭市となりました。

旭町は、総武本線が縦貫し、旭駅の両隣の干潟駅と飯岡駅の間に位置しています。一九一七年、海上郡教育会編纂により刊行された『千葉県海上郡誌』から、引用して、喜美が育った当時の旭町の様子を見ておきます（以後旭町の記述は断らない限り、『千葉県海上郡誌』による）。

戸数：一一四七戸

人口　男：三一四九人、女：三一九三人、
合計六千三百四十二人。一戸平均：五．五人。

農作物作付反別（単位：アール）

米三五七四、大麦一四八五、小麦六二二、裸麦八九、落花生七九八、甘藷五七九、大豆二二七、西瓜六一、大根六一、茄子五一、馬鈴薯三三、小豆二三、菜種一七、藍一〇。

工場

高野製糸工場（男二人、女一〇人）、飯島酒造場（男二八人）

鍵升本店（男三〇人）

落花生工場（三工場男一六人、女一〇八人）

家内工業

酒類醸造：松菊酒造場（男七人）、醤油醸造酢屋商店（男六人）、澱粉精米精麦（男四人、女四人）

養蚕

桑園一〇三三アール

養蚕組合（組合数二、組合員八〇人）

養蚕農家戸数　春蚕二一〇戸、秋蚕二〇四戸

海上郡全体の農家の状態

海上郡の耕作反別ごとの農家戸数を表1に示します。

表1　海上郡の耕作反別ごとの農家戸数

海上郡の農家戸数は六〇七八戸、自作農一四八九戸（24・4％）、自小作農二九一二戸（47・9％）、小作農一六七七戸（27・7％）です。農業だけでは生活できない五反未満の貧農が一九〇三戸（31・3％）、もあります。

小作農は5反未満の戸数は56・3％、5反以上1町歩未満の農家戸数26・8％合計83・6％

ここに農家の娘が、紡績・製織・製糸工女となるか、女中奉公に出なければならなかった社会的要因があったのです。

喜美が通った小学校

喜美の時代に旭町には、旭尋常高等小学校がありました。尋常小学校を卒業した生徒で、希望すれば高等小学校に進学することができました。尋常小学校と高等小学校が併設されている学校を、尋常高等小学校と呼びました。

喜美の通学していた旭町尋常小学校は、校地坪数

▲旭町尋常高等小学校全景（大正〜昭和初期）

一一〇四坪、運動場坪数 七二二坪、教室数一四、教室坪数七三九坪。

一九一五年の卒業児童数は、尋常小学校男五五人、女三四人、高等小学校男六人、女一〇人でした。

喜美の尋常小学校時代の唯一の記録は、父倉吉が大切に残していた、喜美の「学童手牒」です。この「学童手牒」は、現在の通知表・通信表・通知簿・通信簿などと同様の役割を果たしていました。表紙の中央に大きな字で「学童手牒」、その左隣に千葉県海上郡尋常高等小学校児童と印刷され、飯島喜美と筆で書かれています。右肩に「38」と墨書されています。

「学童手牒」は表紙を除き一二ページの小冊子です。最初のページには「戊申詔書《ぼしんしょうしょ》」が載せられています。この戊申詔書は、「一九〇八年（明治四一、戊申の年）第二次桂太郎内閣の要請をうけて明治天皇が国民教化のために出した詔書。日露戦争後、人心が次第に浮華に流れているとして、国民の団結や勤倹を説いた。」（広辞苑第六版）ものです。教育勅語でなく戊申詔書がのせられていることが、興味を引きます。

次のページに「児童」と「家族」の欄があります。児童の欄には、族籍：平民、氏名：飯島㐂美、生年月日：明治四十四年十二月十七日生。本籍：千葉県海上郡旭町ニノ二一〇二番地、現住所：千葉県海上郡旭町ニノ二一〇〇番地。入退学・入学年月日：大正七年四月一日、入学学年：尋常科一学年。入学前ノ経歴（記入無し：筆者）。退学卒業　大正　年　月　日。

「家族」の欄には、親・父倉吉、母ちか。本籍：千葉県海上郡旭町ニノ二二〇二番地、現住所：千葉県海上郡旭町ニノ二二〇〇番地。職業：提灯製造、児童トノ関係：父長女。産土《うぶすな》神社：太田神社、寺院：幸蔵寺、距離：我ガ家ヨリ学校マデ約三町。（学校の住所は旭町ハ―七四：筆者）

「祝祭日」「皇室」「記念スベキ日」が四ページに印刷されています。

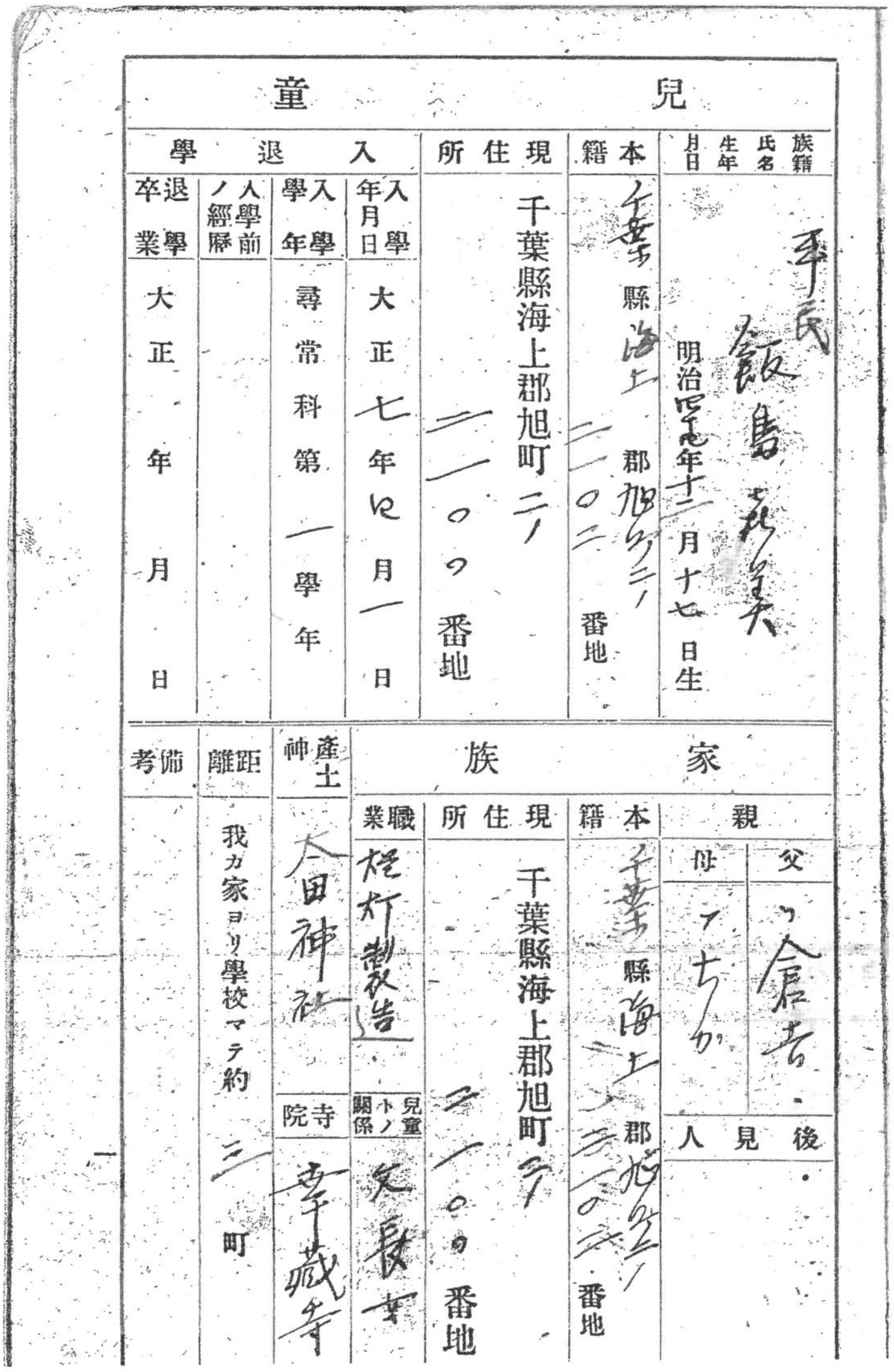
兒童

族籍 平民
氏名 飯島喜美
生年月日 明治四十四年十二月十七日生
本籍 千葉縣海上郡旭町ニノ二二〇二番地
現住所 千葉縣海上郡旭町ニノ二二〇〇番地
入學年月日 大正七年四月一日
入學學年 尋常科第一學年
入學前ノ經歷
退學卒業 大正　年　月　日

家族

親 父 倉吉 母 ちか
後見人
本籍 千葉縣海上郡旭町ニノ二二〇二番地
現住所 千葉縣海上郡旭町ニノ二二〇〇番地
職業 提灯製造
兒童トノ關係 父長女
産土神 太田神社
寺院 幸藏寺
距離 我ガ家ヨリ學校マデ約三町
備考

▲「学童手牒」――喜美の児童・家族関係

「児童出欠席通告」が五ページにあります。

第一学年大正七年度、第二学年大正八年度、第三学年大正九年度、第四学年大正十年度の四ヶ年について、出席、遅刻、早退、欠席（病気、事故）、祝祭日出席、忌引きの日数が月ごとに記載されています。第一学年五九日皆勤。第二学年二五七日病欠五日、第三学年二六〇日遅刻一、早退一、事故欠一、第四学年二五九日皆勤です。四年間で授業日数一〇四一日、病欠五日、事故欠一日、遅刻、早退各一回で、出席はとても優れていました。喜美は学校が好きだったに違いありません。

喜美の学業成績は写真に示した「児童成績表」をみてください。当時の成績は甲乙丙の三段階評価が主流でしたが、甲乙丙丁の四段階評価するところもありました。喜美の学校は三段階評価か四段階評価

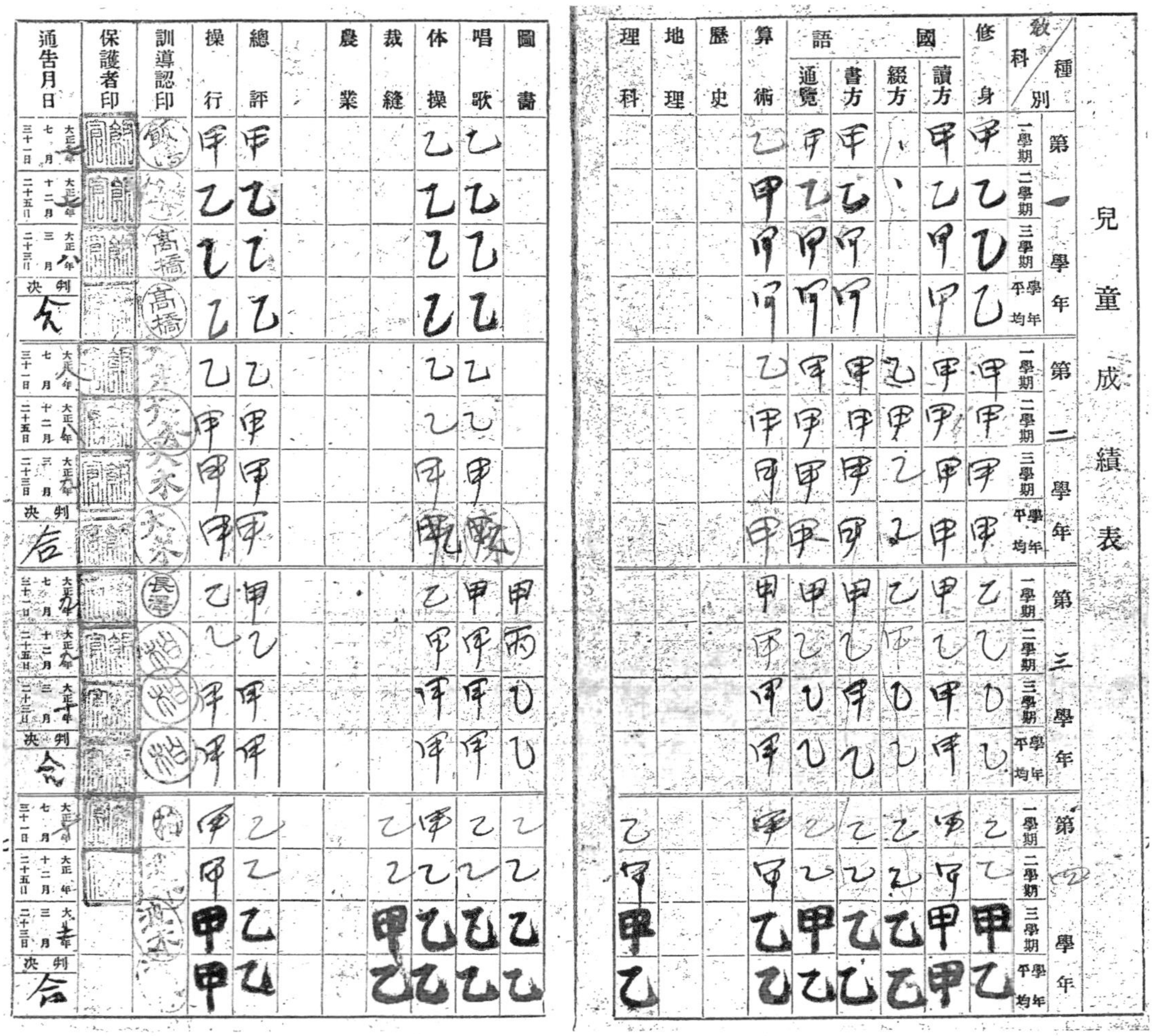

▲「学童手牒」――飯島喜美の成績表

のいずれを採用していたか分かっていません。喜美は、全甲を貰うような秀才ではなかったですが、丙が一つもなく、甲と乙が半々程度ですので、よくできる子どもでした。

「学童手牒」の一〇ページと一一ページに、児童に対する「日々の注意」と、「家庭への希望」が印刷されています。すべての漢字に振り仮名が付けられています。当時の小学校教育の一端がよく分かりますので、全文を掲載します。

日々の注意

一、出席のこと

なるべく欠席や遅刻早引などないようにしなさい。

もしやむをえないでするときはそのわけを申出でなさい。

年上のものは年下のものをいたはつて出席の奨励をなさい。

二、学用品のこと
学用品は毎日忘れないようにしてよけいなものはもつてきないこと。

学用品は大切に取扱つてそまつに使はないこと。
三、仕事のこと
自分で出来ることは人の手をかりないですること。

おさらひは毎日きまりよくすること。

出来るだけ家の仕事の手助けをすること。
四、みなりのこと
着物はしつそで清潔にしてなるべく筒袖にすること。

手拭とはな紙とはきつと忘れないでもつてくること。

自分のもち物にはめいめい名まへをつけておくこと。
五、衛生についてのこと
飲みくひはきまりよくし買食などはしないこと。

髪は男児は時々はさみ女児は日々くしをいれ時々洗ふがよい。

病気のほかは、えりまき、かたかけ、手袋などはつかはないがよい。

これらはみなさんの日々気をつけなければならんことですから忘れないでよくまもつてよい日本人になつてもらいたいのです。

家庭への希望
一、この学童手牒は家庭との連絡をはかるが為に与ふるものですからよく御覧下さつて児童教育に同一歩調をとつていただきたい。
二、学校からの通告は御覧の上捺印して下さい。
三、時々学校に御出になつて児童の様子を御覧下さい又儀式やそのほかの会合のときはどなたでもぜひ御出を願たい。
四、家庭に於て適当の時間を与へて必ず復習をさせて下さい。
五、此学童手牒は四ヶ年の間使用しますので児童のためにはよい記念となるのでありますから丁寧に取扱ひ汚損紛失等のなきやう御注意下さい。

この「学童手牒」は、尋常小学校の修業年限が四ヶ年であった時に使われたものです。

ここで、小学校の修業年限の変遷をみておくことにします。一八九〇年勅令第二百十五号を以て、修業年限を尋常三ヶ年又は四ヶ年、高等を二ヶ年三ヶ年又は四ヶ年と定めました。一九〇〇年八月十八日勅令第三一四号を以て小学校令を改定し、尋常科の修業年限を四ヶ年と限定しました。

一九〇七年三月尋常学校の修業年限を六ヶ年、高等小学校の修業年限を二ヶ年としました。喜美の「学童手牒」は修業年限四ヶ年のときに使われたものです。『不屈の青春』には、「飯島喜美さんは、大正一三年に現在の旭市・尋常高等小学校の尋常科を卒業しています。通信簿は甲が七つ、乙が七つで中くらいの成績です。小学校六年生になった四月末の身体検査では、喜美さんの身長は百三十三・三センチで全国平均より四・八センチ高く、胸囲は全国平均よりも三・九センチ狭い、五十七・二センチでした。やせすぎで、背の高いほうの子どもでした」と書かれています。修業年限四ヶ年用の「学童手牒」の追補版として、第五学年、第六学年用の「通信簿」があったのでしょう。

「学童手牒」の家族の職業欄に「提燈製造」と記載されているので、これが家業であったことが分かります。喜美とともに、プロフィンテルン第五回大会に参加した風間（旧姓兒玉）静子は、モスクワ滞在中に、喜美と、「街路樹が葉をふらす石畳路を歩きまわった時、電車待つ間の小公園のベンチでひと時に、自分が職場でキミちゃんと呼ばれていたこと、郷里の家ではお父さんが木の盆に絵を彫る仕事をしていること」（風間静子「飯島喜美さんの思い出」『運動史研究・5』運動史研究会、三一書房刊、一五七ページ。一九八〇年。）をるると聞かされたものだと書いています。倉吉さんは提燈製造のほかにいろいろの仕事をする貧しい職人であったと思われます。

喜美は小学校を卒業すると間もなく、子守の女中奉公に出されました。喜美と同郷の友人は、喜美は卒業すると直ぐ、八日市場の本屋に子守にやられました、本好きな喜美は、本屋で奉公すれば、本が読めると喜びましたが、本ばかり読んでいたために、三日で帰されたと回想しています。その後どこで女中奉公をしたのか、全く知られていません。後で詳しく述べますが、喜美の「予審終結決定」には、「被告人ハ貧困ナル家庭ニ生育シ尋常小學卒業後直チニ各所ニ女中奉公ヲ為シ昭和二年二月中ヨリ東京モスリン紡織株式會社亀戸工場ノ女工ト為リタルカ」と記載されています。

Ⅱ．東京モスリン亀戸工場の時代

▲東京モスリン亀戸工場全景

（二―一）東京モスリン紡織株式会社（略称・京モス）

喜美は一九二七年二月、旭町の募集人・高橋三郎の手引きによって、京モス亀戸工場に入社しました。この時、旭町から一二、三人が一緒に入社したと、伊藤憲一は書いています（伊藤憲一「「無名戦士の墓」について」）。当時日本の大紡績工場では、女工を雇用するに、主として募集人が当たりました。その外、本人あるいは、保護者が直接工場の人事に申し込むこともありました。

京モス亀戸工場のことを書く前に、喜美が入社した当時の京モスについて簡単に触れておきます。

安政条約により、函館、横浜、長崎、新潟、神戸が開港して以来、欧米との貿易が盛んになりました。輸入品の多くは、綿糸・綿織物でしたが、和服用の薄地の毛織物モスリンの輸入も盛んになりました。絹織物よりずっと安価で、温かく、手入れが簡単で、きれいな模様を染め出すことができたので、おおいに流行し、輸入が拡大していきました。モスリンの国産化に目をつけたのが、日本橋堀留町や大伝馬町の洋反商でした。一八九六年、洋反商の杉村甚兵衛・堀越角次郎、三井物産の創業者・益田孝、三井銀行総長三井高保、第一銀行頭取・渋沢栄一などが株主となり、東京府南葛飾郡吾嬬村請地（現在の墨田区文花一丁目）に京モス吾嬬工場が建設されました。ここに京モスの本社が置かれました。羊毛から毛糸を紡ぐ機械、毛糸からモスリンを織る織機及び織物の仕上をする仕上機械と、これらの機械を駆動するためのボイラー・蒸気機関はいずれもイギリスから輸入されました。機械の据え付け技師と、工場の操業を指導する技師が、英国から招聘されました。

一九〇八年、モスリン製造事業で成功を収めた株主は、綿花から綿糸を紡ぎ、キャリコ（キャラコ、金巾とも呼ばれる）を織る工場を、京モス吾嬬工場に近い吾嬬村亀戸に、東京キャリコ製織株式会社を建設し、一九一八年、キャリコの漂白・仕上げ加工を、富士山の豊富な湧水を使って行う工場を、静岡県駿東郡清水村に建てました。これが、東京キャリコ沼津工場です。

一九二〇年に絹糸紡績工場を名古屋に建設、一九二一年には、東京キャリコ製織株式会社を吸収合併し、京モス亀戸工場と京モス沼津工場としました。つづいて、一九二三年に洋服や軍服用の毛織物を製造する名古屋工場が建設されました。最後に建設された工場が、常磐線金町駅前に一九二四年開業した、綿糸紡績の金町工場です。京モスは、モスリン、綿糸・綿織物、毛糸・毛織物、絹糸の紡績を行う、総合繊維メーカーにと発展していきました。絹糸紡績工場は、関東大震災で大きな被害を受けたために、東洋紡に売却されました。

こうして、喜美が京モス亀戸工場に入社した時代には、京モスには、吾嬬工場、亀戸工場、沼津工場、名古屋工場と金町工場の五工場がありました。一九三六年京モスは、社名を大東紡織株式会社に変更し、本社を吾嬬工場から営業所があった日本橋区蠣殻町二丁目に移転しました。

（二―二）喜美が働いた亀戸工場

亀戸工場は、東京府南葛飾郡吾嬬町亀戸（現墨田区立花一丁目）にありました。JR総武線亀戸駅北口から明治通りを北上すると、十分足らずで十間川に架かる福神橋に着きます。橋を渡り右折して川沿いに数分進むと、URと都営立花団地があります。ここが亀戸工場の跡地です。福神橋を左折し花王工場を越して進むと都営文花住宅が建っています。ここが東京モスリン吾嬬工場の跡地です。

京モス亀戸工場で喜美と一緒に働いたことのある伊藤憲一は、『牢獄の青春』のなかで、亀戸工場について、次のように回想しています。

上野駅から市電で柳島終点に来て、十間川沿いに東に向かって歩くのだが、右側は昔遊園地といい、後に三丁目といわれた有名な亀戸の魔窟である。すなわち吾嬬町側に伊藤染工場、東京モスリン吾嬬工場などの大工場が並び、境橋から福神橋の間を花王石鹸工場が占めていた。広告の写真によるときれいなところだと思っていた花王石鹸は、十間川のどす黒い水に、鼻をつく薬品のにおいを流すきたないところであった。この特殊なにおいのする川の水も、後には懐かしむようになったのである。福神橋の一つ先の橋が北の橋で、この東に赤煉瓦造りの鋸の歯のような屋根を持った建物が東京モスリン亀戸工場であった、私の父はここに守衛として働いた。ここはもと東京キャラコ（キャリコの誤り）と呼んでいた。この京モスの黒い亜鉛塀沿いを北に下がつて、二階建ての古い四軒長屋の一つが私たちのねぐらであった。

亀戸工場の写真を示します（17ページ）。工場の敷地面積は、工場、寄宿舎、食堂、運動場をふくめて三万五千坪（約十二万平方メートル）でした。

亀戸工場は吾嬬工場と同じく、紡績機械と製織機械はイギリスのマンチェスターから輸入しました、鋼鉄製の大煙突は、高さ三二メートルの丸型で、基部の直径が七・五メートル、頂上は二・五メートル、石川島造船所（現ＩＨＩ）が製造したもので、モスリンの大煙突として親しまれていました。

工場の生産設備の規模は、一時に四万八千四六四本の糸を紡績する精紡機、三千六百本の糸をより合わせる撚糸機と一五八八台の織機がありました、

亀戸工場の在籍人員と平均月収（工員のみ）を表2に示します。

(三) 紡績工場の労働時間

喜美が働いていた時代の労働時間について、『不屈の青春』はじめ、喜美の伝記のほとんどすべての著者は、異口同音に、「六時から六時までの昼夜二交代制の一二時間労働」（鹿野政直「革命運動史上の光芒――飯島喜美」『歴史のなかの個性たち』有斐閣、一九八九年、三七ページ）と書いています。

喜美が亀戸工場で働いていた一九二九年七月一日から、工場法によって、労働時間は、前番が午前五時から午後二時、後番は午後二時から午後十一時で九時間、就業時間中に休憩時間が三〇分設けられたので、実働時間は八時間三十分に短縮されました。

表２　亀戸工場の在籍人員と平均月収

年	在籍人員（人）		平均月収（円）	
	男子	女子	男子	女子
1922	524	3,367	42.46	21.16
1923	525	3,956	51.60	22.99
1924	511	4,216	48.10	22.03
1925	485	3,039	48.08	23.88
1926	441	2,321	48.63	25.56
1927	422	2,268	48.54	26.97
1928	398	1,992	48.30	28.85
1929	409	1,859	48.48	26.34
1930	361	1,191	48.34	25.72
1931	322	832	46.93	28.22

ここで、紡績工場の労働時間の歴史を、簡潔に述べておきます。

(三―一) 官営模範工場の労働時間

明治政府によって建設された富岡製糸場の労働時間は、『富岡製糸場記』で、「工女ハ払暁ニ食シ蒸気鳴管ヲ待ツテ場ニ登リ朝七時業ニ就キ九時ニ半時間休ヒ十二時食シ一時間休ヒ四時半飯宿ス大約日出ヨリ日没半時前ヲ度トスルナリ」と記述されています。

これによると実労働時間が八時間、休憩時間が一時間半です。

官営模範工場として、軍服用の毛織物を製造する千住製絨所、屑繭や屑生糸から絹糸を製造する新町屑糸紡績所、綿花から綿糸を紡ぐ愛知紡績所が建設されました。

千住製絨所は『千住製絨所職工規則』で「当所工業定時限ハ実九時休業一時ヲ合計十時間」と定めています。残業の割増は、二時間まで一〇％、二時間を超える分は一五％です。

新町屑糸紡績所は、「通常就業ノ時間ハ一日九時間トス右時間ノ外喫食及休憩ノ時間ヲ定ムル左ノ如シ」とあり、実労働時間は九時間です。残業の割増は十一％です。

愛知紡績所は『愛知紡績所工場仮規則』で「就業時間ハ一日一〇時間ヲ定則トシ……此時間外ニ食事等ノ為事務所ニ於テ適宜時間ヲ定メ休業セシムヘキ事」とあり、実労働時間は一〇時間です。残業の割増賃金は三〇％、深夜十二時以降は一〇〇％増しと定めています。

日曜日休日で、週六日制でした。

繊維工場の外、横須賀造船所の就業時間は、午前六時三十分から午後五時三十分でした。紙幣を製造する紙幣局は『紙幣局職工規則　女工規則』で「工業ノ時間ハ一日九時間トシ」食事の時間を日の長短に応じ、三月から九月までを一時間、十月より二月までを三〇分と定めています。

明治初期に政府が導入した官営工場の労働時間は、イギリス、フランス、ドイツ等の工場法の定めを採用していたのでした。

（三―二）大阪紡績からはじまった十二時間二交替労働

渋沢栄一はじめ東京と大阪の大金持ちと華族の出資によって建設された大阪紡績会社は、一八八三年七月五日に開業しました。開業直後の八月二十六日から、一二時間二交替制の昼夜二四時間労働制を実施しました。当初は夜間の照明を石油ランプに頼っていましたが、一八八六年九月から電燈照明が採用されたのでした。後続の大紡績工場も大阪紡績にならい、二四時間二交替の深夜業を採用しました。休日は月四日が普通で、この一二時間二交替制労働は、休憩なしの連続労働という過酷な労働でした。おおくの工場は、前番が午前六時から午後六時まで、後番が午後六時から翌日午前六時を採用していました。京モスは、前番が深夜十二時から正午まで、後番が正午から深夜十二時までの労働時間で、休憩はありませんでした。

一九〇九年に蔵前高等工業学校（現東京工業大学）を卒業し、後に大東紡織の専務取締になった舟橋栄は、自分の経験した重要事項を記録したノート（以後『舟橋ノート』という）に、京モスの労働時間について次のように書いています。

その後あまりの過酷労働によって、生産性が低下するのを防ぐために、一二時間の内、十二時に三十分の食事休憩と、三時と九時に一五分合計一時間の休憩を与える、実働一一時間、休憩一時間の一二時間二交替制の深夜労働が普通となりました。その後、先進各国からの非難をかわすために深夜業を規制する工場法が、一九一一年、女子の深夜業禁止など重要項目を骨抜きにして成立しました。施行は一六年九月一日まで引き延ばされた。

二組二交替深夜業の場合は、少なくとも一〇日以内で昼夜を交替すること。

一五歳未満の者及び女性に対し一〇時間を超える労働時間の場合には、一時間の休憩時間を与えること。

一九二九年七月一日から深夜業が廃止されるまで引

き延ばされた。

(三—二) 八時間労働法条約を採択したILO第一回総会

一九一九年十月ワシントンでILO第一回総会が開催され、労働時間を一日八時間かつ、一週間四八時間に制限する条約、八時間労働法条約が採択されました。日本に対しては例外規定が設けられました。日本政府はILO八時間労働法条約に強制されて、改正工場法が成立し、一九二九年七月一日から施行され、十六歳未満の者及び女性に対し午後十時より翌日午前五時までを深夜と定め、深夜の就業が禁止されました。

これは、ソビエト政権が一九一七年十一月十一日、「労働日についての布告」を出し、八時間労働制を実施したことでした。ロシア革命の影響がヨーロッパ全体に広がるのを予防するのが八時間労働法条約の最大の目的でした。

アジア太平洋戦後紡績産業の労働時間は、小刻みに変更されましたが、午後十時から翌日午前五時までの間の労働を深夜労働といいますが、前番午前五時から午後一時四十五分（実働八時間）、後番午後一時四十五分から午後十時三十分（実働八時間）で、三〇分間の深夜業を認めていました。

一九五八年三月からこの三〇分間の深夜業が廃止されました。全繊同盟の全国の統一ストライキで勝ち取った結果でした。実労働時間七時間三〇分、休憩時間四五分となりました。紡績工場で完全に深夜業が廃止されたのは、大阪紡績が一二時間二交替制を開始した一八八三年から四分の三世紀後のことでした。

(四) 京モスの女工募集地、教育程度、勤続年数、寄宿舎

(四—一) 女工の募集地

当時日本の大紡績工場では、女工を雇用するに、主として募集人が当たりました。採用は零細農家の子女でした。京モスの女工募集地は次のとおりです。（『舟橋ノート』）

亀戸工場　秋田県、青森県、栃木県が主で、従は茨城県、千葉県、宮城県。

吾嬬工場　新潟県、長野県、福島県が主で、従は宮城県、茨城県、山形県、千葉県。

(四—二) 女工の教育程度

女工の教育程度を「表3　京モス亀戸工場の工員教育程度調（一九二五年四月）」に示します。亀戸工場には、

表３　京モス亀戸工場の工員教育程度調（1925年４月）

	無学	尋１	尋２	尋３	尋４	尋５
人員	364	189	292	326	279	316
%	13.3	7.2	10.6	11.9	10.1	11.5
	尋６	高１	高２	高女１	高女２	合計
人員	878	53	42	0	1	2,740
%	32.0	1.9	1.5	0	0	100.0

一九二五年四月の調査では、女工が二七四〇人在籍していましたが、小学校に行かなかった者三六四人（全体の一三・二％、小学校五年生までの者一四〇二人（五一・三％）、小学校六年卒業者は八七八人（三二・〇％）、高等小学校卒以上の者九六人（三・五％）でした。女工の三分の二が小学校を卒業していないことを示しています。貧しい農家の口減らし、仕送りのために幼気な幼児、少女が紡績工場、製糸工場、製織工場で働かされていたのです。

（四―三）女工の勤続年数

吾嬬工場の女工の勤続年数を表４に示します。一九二二年六月に三〇二五人が在籍していますが、勤続年数を考慮すると、三千人の女工を維持していくためには、毎年ほぼ二千人を新しく入社させなければなりません。毎年これだけ多くの女工を採用することは、紡績工場の操業を継続していくことに不可欠な事業でした。大紡績工場は、募集人の制度を設け、女工の募集を行っていました。それぞれの紡績工場は、募集地域を定め、そこから募集したのですが、紡績工場の間で、募集地域の争奪がありました。

紡績会社は、各県に人事課員を管理者として配置し、各地域の募集人を管理していました。募集人は、各地域の小学校元校長、町村会議員、地主などの有力者がえらばれました。一人の募集人が責任を以て募集する人数は、毎年五〇人、六〇人～一〇〇人、一二〇人～二〇〇人、二五〇人以上にランク分けされていました。募集人には、募集した女工の人員数、在籍月数などに応じて、手数料が支払われていました（『舟橋メモ』）。

募集人は、小学校を卒業予定の娘の父兄の家を訪問して、募集を行いました。募集人の一番大切な仕事は、「募集案内」を説明し、父母あるいは保護者の同意を得ることでし

表４　吾嬬工場寄宿工勤続調（大正11年６月）

勤続年数	人数	勤続年数	人数
１年	1,571	11年	5
２年	623	12年	4
３年	490	13年	5
４年	184	14年	3
５年	81	15年	1
６年	15	17年	1
７年	15	21年	1
８年	10	23年	1
９年	3	合計	3,025
10年	12		

※勤続年数は未満

た。多くの文献に、募集人が「人買い」とか「女衒」のように描いているものもありますが、紡績工場は安定して千人を超す女工を毎年採用する必要があり、合理的な方法がとられていたことをみのがしてはなりません。募集人については細井和喜蔵著『女工哀史』にいろいろな実例が出ていますので読んでください。

（五）女工の寄宿舎

日本の紡績工場及び製糸工場の女性労働者は、その大多数が工場の敷地内に建てられた寄宿舎に収容されていました。結婚のため寄宿舎をでた労働者が、通勤して働くものも、わずかですがいました。

喜美が入社した当時亀戸工場には、七棟の寄宿舎がありました。

梅寮の寄宿舎は幅九メートル、長さは梅一号寮が六五メートル、梅二号寮が八〇メートル、梅三号寮が七〇メートル、梅四号寮が六〇メートルです。

竹寮の寄宿舎は幅一一・四メートル、長さは竹一号寮が三九メートル、竹二号寮が三九メートル、竹三号寮が六五メートルです。梅寮は一室一五畳で居住定員は一〇人で、竹寮は一室二二畳で居住定員は一四人でした。食堂は幅、三五メートル、長さ六六メートル、浴室は幅一一メートル、長さ二〇メートルという大きな建物でした。

寄宿舎にはこの他の設備として、病院、洗濯場、物干し場、アイロン室、講堂、教室、寄宿舎を管理する人事事務所などがありました。

京モス亀戸工場における喜美等の闘いのなかで、蓄積された経験がまとめられている全協・日本繊維労働組合の行動綱領（一九三二年）では、第二九項で、「監獄的寄宿制度撤廃、通勤、結婚の自由獲得の闘争」を掲げています。

第三〇項では、寄宿舎の改善の闘争について次の八項目を掲げています。

（イ）採光、換気、温度、湿度、除塵、食堂、浴場、便所、洗濯場、物干場、洗面所、病室、娯楽室、非常口等の設備及びその改善。
（ロ）外出、外泊、面会、通信、読書の自由。
（ハ）舎監並びに棟長、室長（部屋長）の撤廃。
（ニ）寄宿委員会に依る寄宿管理権の獲得。
（ホ）専制的舎則の廃止。
（ヘ）売店の改善、管理権の獲得。
（ト）強制掃除、美化作業反対、掃除夫雇入れ。
（チ）強制講話反対。（『現代史資料』〈15〉）

これらの要求の多くは、一九六〇年の近江絹糸人権争議、安保反対の闘争の高まりの中で、実現されました。私が大東紡織鈴鹿工場で寄宿舎自治会の委員長を務めていた当時、女子寄宿舎一部屋一五畳の居住定員が一〇人であったものを、六人に引き下げよという要求を掲げて長く闘ったことがあります。労働基準法は工場附属寄宿舎の定員を一人当たり一・五畳と定めているので、定員の切り下げは実現しませんでした。

京モスの寄宿舎生活について、舟橋栄は、「深夜業一二時間二交替、最初は休憩がなかった。あのころは、寄宿舎は、甲番と乙番が同じ部屋に入っててね。日曜日の日は重なっていて居処がなかったです」と『舟橋ノート』に記録しています。全協が掲げたこれらの要求の多くは、日本国憲法のもと労働基準法に基づく工場附属寄宿舎規則の制定と、労働組合・寄宿舎自治会の不断の闘いによって、多くが実現したのです。

(六) 紡績工場の女工募集案内

筆者が持っている、京モス吾嬬工場・亀戸工場の近くにあった、東京亀戸町・日清紡績株式会社本社工場の「工女募集案内」の全文を示します。この案内のすべての漢字に平仮名の振り仮名が付けられています。この「募集案内」は、この工場の「就業規則」の全体が漏らすことなく書かれています。募集案内を見れば、各工場の就業規則を知ることができます。

日清紡績株式会社本社工場工女募集案内

当会社は資本金壹千万円を以て、去明治四十年に創立致しました大會社であります。本社工場は東京に於て有名なる亀戸天神社の直ぐ前に建設せられ目下第一工場の外第二工場を増築し、紡績のみならず織機も増設して益々業務を拡張して居りますから応募者諸姉は続々御出下されて東京を見物しながらお金儲けをして貰いたいのであります。当会社は賃金、食事、教育、送金貯金の奨励、慰安娯楽、脩身、風紀取締、傷病扶助等其他一般工女の御取扱に付ては、非常なる優待を以て諸事懇切を旨と致して居りますから、応募者諸姉は勿論各父兄方に於ても、左の各項御熟覧の上御安心をされて最寄募集人と御相談なされ、娘子様を入社させて戴き度いのであります。

◎本社工場の位置

東京亀戸町に在りまして、古来有名なる亀戸天満宮の直ぐ前ですから、浅草や向島に近く電車に乗れば一日で東京中見物が出来ます。関西地方から入社せらるゝ方は東京停車場に下車するのでありますが、奥羽六県及新潟、石川、富山等北陸地方から来らるゝ方は、上野停車場に下車すれば宜いのであります。尤も途中で乗換へれば亀戸迄来られます、各停車場へは何時もお迎へに出て居りますから心配はありません。

◎応募者の資格

当工場に雇入れます工女さんは、満十二歳以上三十五歳迄の身体強壮の女子で、会社の体格検査に合格し父兄、親権者若くは夫の承諾があつて、満二年以上勤続が出来る人ならば誰れでも採用致します。

◎雇入契約年限

最初は満二年以上三年でありますが、満期後勤続せらるゝ方には、更に一年乃至二年を一期としてお約定致します、但し本人若くは御両親の御病気本人の結婚相続其他止むことを得ざる事故の為め解約を申込まるゝ時は、事実を調べまして退社、帰省を承諾致します。

◎前貸金と旅費

応募者のお宅へは地方の募集人が参りますが、又は会社から係りの者が行きまして、御希望により前貸金を致します、其額は一人に付支度料として金五円乃至十五円位迄御貸し申します。其外本人が東京着社迄の旅費全部もお立換えへ致しますから、本人や父兄方は何も金銭上の御心配は要らぬのであります。

然うして前貸金とお立換は、長期月賦にて本人の賃金の内から少額づゝ返せばよいのです。併し自分の都合で勝手に退社さるゝ時は、一時に納めなければなりませんから、契約年限丈けは是非勤めて戴きたいのであります。

◎紡織の仕事

綿糸紡績とは申す迄もなく、綿から糸を紡ぐ仕事で往昔は女子が自分で糸車から糸を採ったのでありますが、今日は機械に綿をかけて、機械の力で自然に糸が紡ぎ出されるので、仕事場は色々に分れて居ますが、工女さんの仕事は唯だ機械の手伝をして、糸の切れるのを継いだり繋いだりする許りで、決して労働などと云ふ骨の折れる仕事ではありません、又た織機も昔と違つて大部分機械力ですから、仕事はらくなものであります。

◎勤務と休暇日

就業時間は休憩時間とも一日十二時間で、甲乙二組に別れて昼夜交替に仕事をするので六日目乃至九日目に甲乙組が交替する事になつて居ります。休日は毎月四回宛の外会社の祭日、盂蘭盆、大晦日より正月三日迄がお休みです。其外会社の都合で臨時に休業することがあります。

◎賃金と賞与

賃金は定額日給と請負日給との二種に分ち、毎月一回必ず現金を以て支払ひます。入社後見習中でも最低日給十八銭から二十銭迄を給し、仕事の熟達するに従つて請負給となり追々昇給して三十銭四十銭と進み、二三年の後には五十銭七十銭位迄、儲ける方が尠くないのであります又た熟練工女には技倆に応じて最初から、日給三四十銭乃至六七十銭位迄は支給致します。

満期賞与金並に勤続賞与金　入社後二年満期の時、欠勤其他の事故がなければ、日給三十日分乃至四十日分迄を満期賞与金として給与し、其後引続き勤続せらるゝときは一年を三期に分けて、勤務優良の方には一期間毎に日給十日分迄を、勤続中何年でも給与致します。但し満期賞与、勤続賞与共期間内事故の多かつた時は、割合を以て賞与金額を逓減されますから其御心得で入社後は皆さん勉強して勤めて下さい。

盆暮賞与金　入社後六ヶ月以上勤続せらる丶工女さんには、等級に応じてお盆とお歳暮に、半期賞与金を差上げます。

臨時賞与　工女さんの中で勤務勉励品行方正にして他の模範となるべき方、又は国許送金及貯金の多い方又は満期後数年勤続せらる丶方には臨時に特別賞与金又は賞品を差上げます。

◎食料と経費

食事賄は物価の高低に拘はらず、一日金九銭と定め、白米に成るべく滋養に富む副食物を給し、衛生を重んじて、食物は一切医者の検査を受け、賄料の不足は全部会社に於て補助致しますから、工女さんは一日九銭さへ払へば他に何等の金も要らぬのであります。

◎国許送金と貯金

賃金は総て現金を以て支給し第一に国許送金と貯金とを奨励して居ります。何分にも年頃の娘さんたちの事ゆへ動もすれば金遣ひが荒くなりたがりますから、会社は深く之に注意し濫りに消費せられぬ様に訓諭致し、国許へ送金した残余は、出来る丈貯金する様に勧め、貯金には利子を附し臨時に賞与迄致して送金貯金を奨励して居ります、そこで、会社から毎月収支勘定書を父兄方へおくりますから、居ながら娘さんの稼ぎ振りや金の費ひ方が国許でお分かりになります、依て工女さんたちは皆な競争的に、送金や貯金を楽む様になり、現に今日迄数百円の金を父兄へ送つて田や畑を買つたり、又は百円乃至二三百円位の貯金と沢山の嫁入仕度を持参して、芽出度帰国された人が多勢あるの

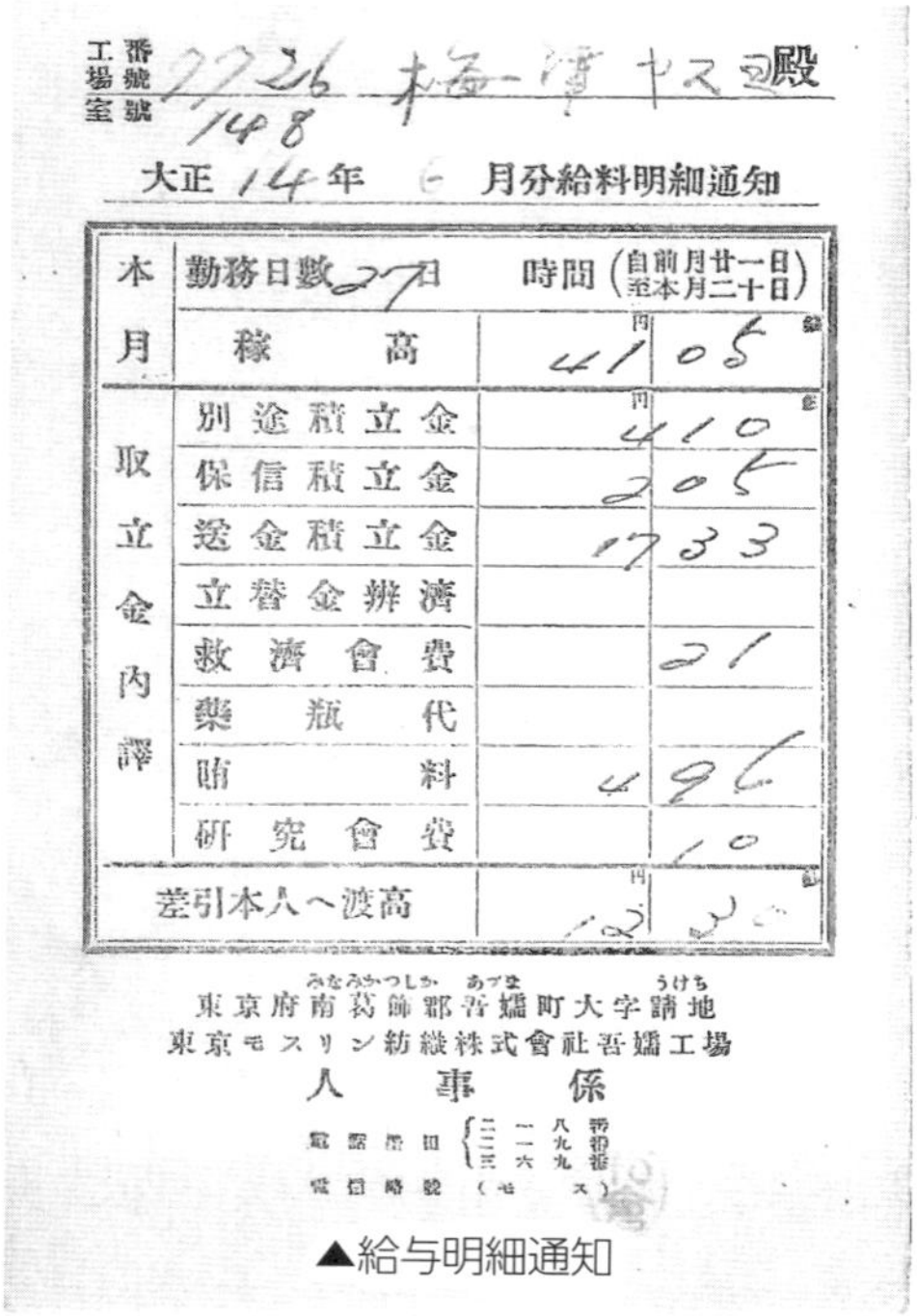
工場番號　室號　148　殿

大正14年6月分給料明細通知

本月	勤務日數27日	時間（自前月廿一日 至本月二十日）	
	稼高	41円	05銭
取立金內譯	別途積立金	4円	10銭
	保信積立金	2	05
	送金積立金	17	33
	立替金辨濟		
	救濟會費		21
	藥瓶代		
	賄料	4	96
	研究會費		10
差引本人へ渡高		12円	[illegible]

東京府南葛飾《みなみかつしか》郡吾嬬《あづま》町大字請地《うけち》
東京モスリン紡織株式會社吾嬬工場
人事係

▲給与明細通知

であります。又た現在百円以上送金貯金をなせる工女さんは数百人もある位で、年若き女子の働きとしては侮るべからざる成績を挙げ、世の中の模範ともなる様な工女さんが、尠くないのであります。

◎寄宿舎

入社せらるゝ工女さんたちは、皆な寄宿舎に起き臥しさるゝのでありますが、當工場の寄宿舎は日本造二階建で、夜具蒲団は常に清潔な物を貸与し風呂は毎日朝夕沸し洗濯場も広く、各室内の換気を十分にし冬期は室内を暖め専ら衛生に注意し悪い病気の起らぬ様に努めて居りますから、皆さんは誠に住心地が宜しいのであります、そして室、夜具、電燈、煖房、浴室、教育、娯楽其他寄宿に要する一切の費用は一切申受けません。

寄宿舎には、永年女子の訓育に経験を積める老練の係員や多数の女世話係が、日夜工女さんの身の廻り万端の御世話をなし、良きお躾を致す様に細心の注意を払ひ、在社工女さんたちの親睦敦厚を旨として厳に風紀を取締り女子品性の向上を図つて居ります。

物品供給所　会社直営を以て日用品の実価供給所を設け何品に拘はらず実用向きの日用品は一切備へて置きます。是れは工女さんが一々外出せられずとも寄宿に居りながら安価に必需品を買取らるゝ便宜の為であります。

通信　御国許父兄方へ時々手紙を出さるゝことを奨励し、若し自分で書けぬ人には世話係が代筆して上げます。

◎教育、訓話、説教、祭典

寄宿構内に学校を設け、夫々の教員を置き読書、算術を始め普通学を授け其外裁縫を教へ更に家庭の人となる時の準備の為めに、割烹の実習等も致させて居ります。

毎月数回各宗の僧侶を招いて、仏壇に読経を請ひ後ち御説教をして貰ひて聴聞せしめ、又た時々係員の外宗教家、教育家を聘して、脩身斉家及女子の亀鑑となるべき人の伝記などを語り、種々の訓話を致し春秋二季には構内に鎮座まします日清神社の祭典を行ひまして敬神の念を涵養せしめて居ります。

◎慰安娯楽

工女さんたちの平素の勤勉を慰むる為めに、宏大華麗なる西洋造三階建の娯楽堂が出来て居りまして、休日は活動写真芝居、講談、浪花節、娘義太夫等の余興を無料にて観覧に供し、お盆お正月、お花見時などには、大慰安会を開き或は運動会や遊園会などを催し別に御馳走をして、楽しく愉快に、其日を暮らさるゝ様に致してあります。

◎父兄歓迎

最愛の娘子様を当工場に託して置かるゝ、各地方の父兄方は大に歓迎致しますから、東京見物若しくは御用で御上京の御序でには、是非共御立寄下されて会社工場の実況を御覧願ひ度のであります。

◎病気の保養

如何なる壮健な人でも、病気にならぬとは云はれません。会社には立派な病院がありまして、万一病気に罹られた時は充分に手当をして、直ぐ病院に入れて医師看護婦が昼夜付添ひ、手厚く看病して心静かに療養させます。脚気などの時は転地もさせます、又た極めて軽い病気の時は、休養室にて休ませて置きます。入院休養中の入院料、治療代、薬価、食料、牛乳玉子其他滋養物一切の経費は、御本人からは少しも取りません。

工女さんが入院中国許から父母や親戚の方が、看護の為に上京せらるゝ時は、其往復旅費は会社から支給し、宿泊食料等総て無料であります。

入院治療永きに及び医師に於て帰国の上療養せらるゝ方が宜しいと診断致しました時は帰国旅費を給与し、借金のあつた時は免除し、付添人を要する時は其往復旅費迄、会社から支出するのであります。

◎救済扶助

會社に共済組合と云ふ会がありまして、工女さんを始め総ての使用人は、極めて僅少な会費を納めて、其組合員となり、会社は別に巨額の補助をして、普通傷病、死亡、災害の救済扶助、療養中の給料補助、御祝儀等を差上げる組織になつて居ります。今重なる事例を示せば大要左の通りであります。

一、入院治療の時は病院に関する費用及賄料全部幷に賃銭の補給、

一、本人死亡の場合には葬祭料金拾円、遺族扶助料五円乃至二十円、

一、国許の父兄が火災水害等に罹り、家財を焼失したる時には父兄へ救済金二円乃至八円、
一、二ヶ月以上勤務の工女の一等親（父母）内の者が、死亡せられた時には救済金二円乃至五円。
一、二ヶ年以上勤務したる工女が、父兄の承諾を得て東京に於て正当に結婚をなしたる時は、御祝儀金五円、分娩したる時は御祝儀金拾円。

◎業務上の傷病扶助

業務上の傷病、死亡に付ては近頃工場法及同施行令、同施行規則が発布になつて、夫々規定はありますが、会社は左の通り法令の規定に比して遥に多大の扶助を致します。

一、傷病者療養、入院治療費全部、
一、治療中休業期間賃金の二分の一、
一、傷病者帰国旅費、
一、死亡の場合葬祭料金貳拾円、遺族扶助料死者の賃金二百日分以上三百日分以下、
一、傷病者治療上両眼失明又は一肢以上を失ふ等、終身自用を弁ずること能はざる者、治療終了後扶助賃金二百日分以上三百日分以下、
一、前項の不具廃疾に至らずと雖も、終身労働をなすこと能はざる者、治療終了後扶助料賃金百七十日分以上二百五十日分以下、
一、前二項の不具廃疾に至らずと雖も、従来の労務に服する能はざるか、又は労働力を減じ或いは健康旧復する能はざるか、又は外貌に醜痕を残したる女子には治療終了後扶助料賃金百二十日分以上二百日分以下、
一、前三項に該当せずと雖も、身体を傷害し旧に復すること能はざる者には治療終了後扶助賃金三十日分以上百日分以下。

當会社規定の大要は、略ぼ前述の通りでありますが、尚ほ詳細の事は東京亀戸町日清紡績株式会社本社工場職工係宛に御照会下さるか、又は各地方募集事務所へ、御問合せ下されば何事に拘はらず迅速にお答え致します。尚ほ現在工女さんの父兄親戚のお方は申す迄もなく、如何なるお方にても工女希望者を御周旋御紹介して下さるゝ方には、相当の御礼金を差上げますから是非共御尽力を願ひ度いのであります。

以上

南葛労働運動の拠点と当時の亀戸工場（藤田廣登作図・筆者編図）

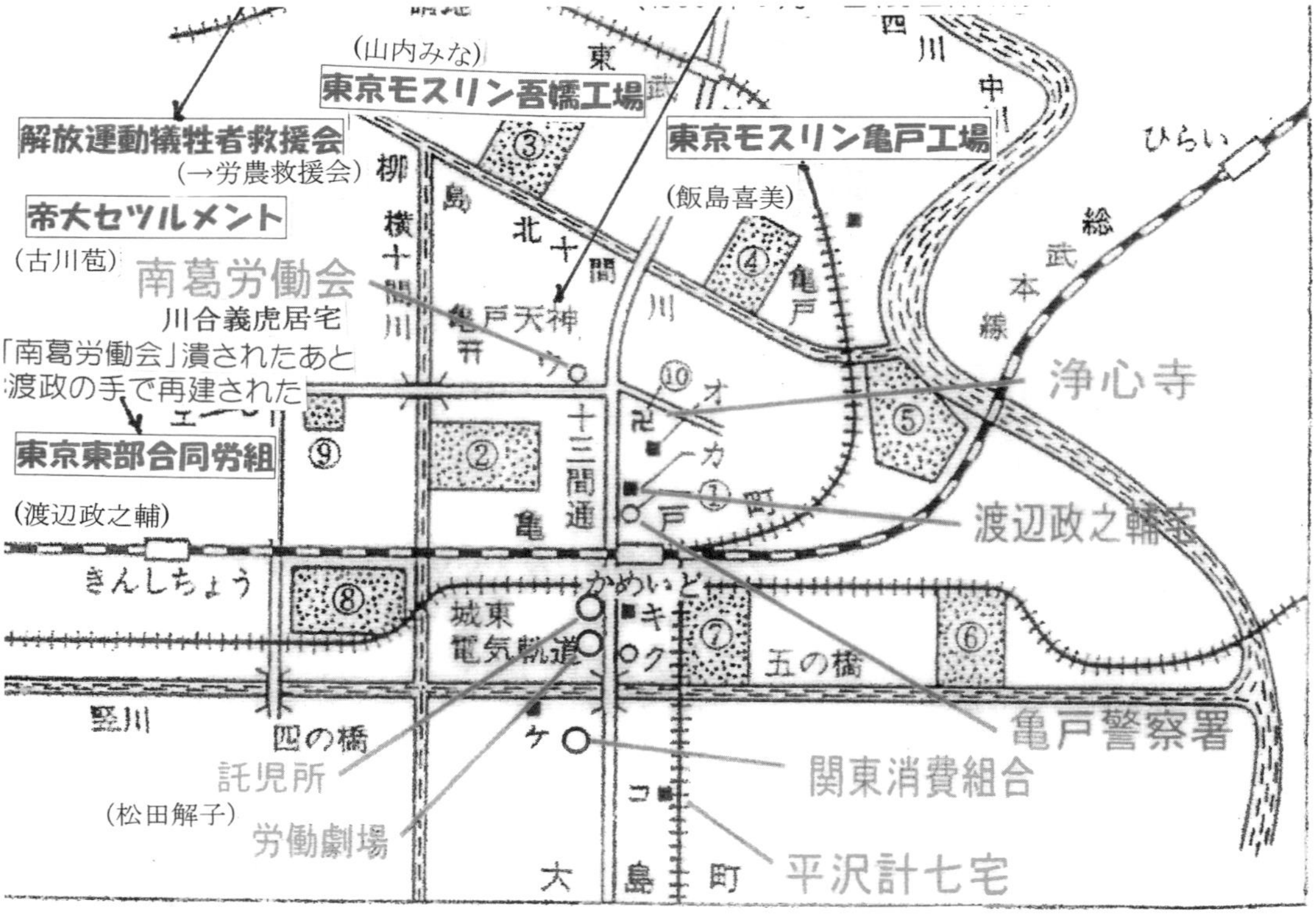

①亀戸警察署　②日清紡　③京モス吾嬬工場
④京モス亀戸工場　⑤日立製作所亀戸工場
⑥東洋モスリン　⑦松井モスリン　⑧汽車会社
⑨精工舎　⑩赤門淨心寺（亀戸事件犠牲者之碑）
ウ：南葛労働会（川合義虎居所）
エ：東京東部合同労組　オ：藤沼栄四郎宅　カ：渡辺政之輔宅
キ：川合義虎宅（最初の家）　ク：友愛会城東支部　ケ：岡本利吉宅
コ：平沢計七宅

（七）喜美が働いていた南葛のこと

隅田川で西を、旧中川で東を、南を小名木川で囲む地域は南葛と呼ばれました。この南葛は、わが国労働運動の先進地域でした。京モス亀戸工場、京モス吾嬬工場、東洋モスリン亀戸工場（洋モス亀戸工場）、松井モスリン工場、日紡、鐘紡、日清紡績本社工場、富士瓦斯紡績押上工場・小名木川工場、栗原紡織工場など、職工（労働者の当時の呼称）が数千名を超える大紡績工場がひしめき合っていました。この地域には、花王石鹸、精工舎、日立製作所亀戸工場、汽車製造会社などの大工場が密集していました。また、鉄工場、ガラス工場、自転車工場、ゴム工場、セルロイド工場などの中小工場がたくさんありました。南葛は、日本における一大工業地帯を形成していました。

ここには、東京帝国大学セツルメント、赤色救援会（現日本国民救援会）の本部、無産者診療所、無産者託児所など労働者に関係する施設がありました。南葛の図を示します。

日本の製糸業と紡績業は、生産拡大と操業短縮を繰り返す中で発展していました。操短のときは、賃金の不払い、半数を超す女工の解雇がたびたびおこなわれてきました。一九二九年の世界大恐慌の結果、生糸の価格低下が、養蚕農家を襲い、製糸工場の破綻、製糸工女の大量首切りが起きました。紡績工場では操短のたびごとに、合理化と労働強化を強行しました。このような中で、労働争議が頻発していましたが、戦前は、「日本国憲法第二八条［勤労者の団結権］勤労者の団結する権利及び団体交渉その他の団体行動をする権利は、これを保障する」が保証されていず、犯罪として弾圧されたり、争議を組織したり参加した者の解雇が自由に行われていました。

労働組合のナショナルセンター結成の動きが、一九一二年八月一日の友愛会の結成によってはじまりました。鈴木文治を中心に一五人の労働者により構成され、東京三田唯一館で十一月から機関紙『友愛新報』を発行し、次第に東京市内の大企業労働者の間に会員を獲得し、創立一年後には一三二六人に達したのでした。十四年十一月機関紙を『労働及産業』と改題しましたが、このころから全国主要工業都市に支部が生まれ、唯一の全国的労働者組織としての地歩を築いていきました。会員は十五年六月六五〇〇人、十六年九月に二万人、十八年四月には約三万人、支部数一二〇に達しました。この間会員の関係する争議も続出し、労働組合としての性格を強めました。婦人部も十六年五月に設けられ、『友愛婦人』を発行しました。十九年八月、七周年大会で友愛会の名称の上に大日本労働総同盟の名を冠し、一九二〇年の大会で大日本労働総同盟友愛会から「大」の字を削り、さらに二十一年には名称より「友愛会」の三字を削り、日本労働総同盟とし、名実ともに労働組合のナショナルセンターへ発展していきました。

友愛会は、紡績工場のなかで労働運動を組織しはじめました。亀戸工場には総同盟系の工友会という労働組合が組織されました。

一九二二年七月一五日、日本共産党が創立し、南葛の紡績工場のなかで活動を活発にはじめました。

南葛における労働運動

南葛における紡績工場の労働争議の歴史を、全繊同盟史、同年表、大原社研『日本労働年鑑』、『無産者新聞』、『赤旗』、『大東紡史』などから抄録して、編年的に示します。京モスの項目を太字で示します。

一九一四年六月
○**東京モスリン吾嬬工場**の女子労働者一六〇〇人が首切りと賃下げに反してストライキ。
○**東京モスリン紡織（株）**で不景気を理由に男女工約一〇〇〇人を解雇、職工側は労働組合（工友会）を結成、反対闘争を行ったが、会社側の切崩しや暴力団の妨害、官憲の弾圧等により、遂に工友会は敗北、友愛会鈴木会長が会社側と強硬な交渉を重ねた結果、解雇者二一名に解雇手当を支給させて妥結にいたる。

一九一六年
○日本ではじめて労働組合婦人部――友愛会婦人部が設立された。**東京モスリンに友愛会支部**生まれ、わが国繊維産業における労働組合運動の先駆となる。（八月）
○富士瓦斯紡績会社で監督者に対する不満から男女工約二〇〇〇名がスト。

一九一六年
○富士瓦斯紡績会社押上工湯、職工全員連名で嘆願書提出、賃金一割八分増（物価騰貴）阿部工場長善処を約す。（十二月）

一九一八年
○東京府下の紡績職工により友愛会紡織労働組合が組織される。富士瓦斯紡績、**東京モスリン**、**東京キャリコ**、尼ヶ崎紡績橋場工場、東洋モスリンなどの労働者代表二一名参加。（三月）

一九一九年
○友愛会大会で婦人部独立、婦人理事に野村つちの（富士瓦斯紡績会社押上工場）、山内みな（**東京モスリン吾嬬工場**）が就任。（八月）

一九一九年
○第一回国際労働会議が開かれたのを機会に総同盟婦人部は「婦人労働者大会」を本所業平小学校で開催。社会の注目を引く。当夜の聴衆男女工一〇〇〇余名。（一〇月）**東京モスリン**の菊池はつ子どもを負ぶって演壇へ、蒟島《はいじま》とみゑ、山田とよ、小林みよ、**東京モスリン**山内みなが演壇にのぼる。富士瓦斯紡績会社押上工場野村つちのも演説。

一九二〇年

○富士瓦斯紡績会社押上工場（二一〇〇名）で、友愛会紡織労働組合の承認、職工係長の更迭を要求、組合承認、職工係長の更迭は時機を見て行うことを確約させる。（二月）

○富士瓦斯紡績小名木川工場（東京、三二〇〇名）請負単価二割増を要求し貫徹させる。押上工場では同情ストを行う。（二月）

○**日本労働総同盟友愛会東京モスリン支部**の結成（三月）

○富士瓦斯紡績会社押上工場（男四〇〇名、女一七〇〇名）争議（七月）

一九二一年

○東京キャリコ製織株式会社は**東京モスリン株式会社**に吸収合併され、**東京モスリン亀戸工場**となる。（十一月五日）

○日本労働総同盟友愛会から友愛会を削り、日本労働総同盟となり、当時の労働組合のナショナルセンターとなった。

一九二二年

○渡辺政之輔ら南葛労働会を創設（一月）

○富士瓦斯紡績会川崎工場怠業、六〇〇〇名が参加、二十一日には女工罷業。（十一月）

一九二三年

○日本共産党創立（七月一五日）

一九二三年

○第一次共産党事件（六月五日）

○関東大震災（九月一日）

○亀戸事件（三日）

一九二四年

○東京東部合同労働組合を組織。二五年東京合同労働組合と改称。（四月二十二日）

○東京帝国大学セツルメント創設（十一月）

一九二五年

○日本労働組合評議会を創立（五月十六日）

○治安維持法施行（五月十二日）

○細井和喜蔵『女工哀史』出版。（七月一八日）

○富士瓦斯紡績会川崎工場争議。（十一月）

○富士瓦斯紡績会保土ヶ谷工場（神奈川、評議会）で争議。（十一月）

一九二六年八月

○**東京モスリン亀戸工場**（従業員三三〇〇名）で衛生設

備の完備を要求して争議おこる。（八月）
○關東紡織労働組合（約二五〇〇名）総同盟を脱退、日本労働組合同盟結成に参加。（十二月）

一九二七年
○**東京モスリン吾嬬支部**は、組合同盟を脱退し総同盟に復帰。（三月）
○**東京モスリン沼津工場**に、総同盟東京紡織沼津支部結成。争議。（四月）
○**喜美、亀戸工場に入社**。（二月）
○東洋モスリン亀戸工場、組合同盟脱退、総同盟東京紡織支部に復帰。女子労働者の自由外出実行。（五月）
○大日本紡績橋場工場（南千住）で総同盟関東紡織支部に加盟した職工一〇名を解雇したため、組合は、組合加入の自由や退職手当、皆勤手当の支給など一五項目を要求し、三〇〇〇名がストにはいる。抗争四七日、協調会・警視庁の調停で有利に解決。解雇者八八名（内二〇名復帰）。（八月）
○**東京モスリン金町工場**の組合同盟全員、総同盟に復帰し、紡織労働組合金町支部となる。（十一月）

一九二八年
○第一回普通選挙投票（二月二十日）
○三・一五共産党大弾圧事件（三月十五日）
○大日本紡橋場工場四五〇〇名スト。
○**東京モスリン金町工場**（東京、日本紡織労働で争議。（六月）
○**東京モスリン亀戸工場**（東京、日本紡織労働）で争議。（八月）
○**東京モスリン吾嬬工場**（三一五〇名）は、全請負制から一九二六年十二月から半請負制になり、収入が減少したため、賃金を旧制度にすること、食事改善など六項目を要求、三月二五日から争議に入り、一八日間の工場閉鎖の後、解決。（三月）

一九二九年
○四・一六共産党大弾圧事件（四月十六日）
○**東京モスリン吾嬬工場**で争議再燃。（六月）
○東洋モスリン本工場（東京、組合同盟）で争議。
○**工場法施行、婦人及び少年の深夜業禁止**。（七月一日）
○**東京モスリン吾嬬工場**従業員組合で争議。（七月）
○東洋モスリン第二工場（東京、組合同盟）で争議。（八月）
○世界大恐慌（一〇月）
○**東京モスリン沼津工場**で争議。（一一月）
○**東京モスリン金町工場**で賃金値下げに反対して怠業、

勝利す。（十二月）

一九三〇年

○東洋モスリン亀戸工場で、会社側が操短から亀戸第二工場の閉鎖と年功手当廃止を発表したため、組合（日本紡織労組、組合同盟加盟）は、工場閉鎖、解雇、転勤反対のためストに入る。（参加人員一八一〇人）、争議一三日間、解雇者の一部復職と、解雇手当の支給などで解決。（二月）

○鐘紡争議　鐘紡、東京本社（三二六〇名）、淀川工場（一四二〇名）、京都工場（六〇六名）、兵庫工場（二四七八名）で、会社が、戦時割増金の全廃を発表したので、組合は、割増金全廃の撤廃、戦時手当金七割本給くり入れを要求してストにはいる。京都、淀川は五七日間、東京、兵庫は二〇日のストののち、解決した。（四月）

○**東京モスリン亀戸工場**ストライキ（七月）

○**プロフィンテルン第五回大会喜美参加**（八月十五日）

○**東京モスリン沼津工場**（静岡、総同盟紡織労働）で争議。（九月）

○東洋モスリン争議　東洋モスリン亀戸工場で、綿紡部等閉鎖で、五〇〇〇余名の整理を行おうとしたので、二十六日全員ストに入り、とくに十月二十四日は町内の大デモをおこなった。会社も強硬、官憲の弾圧も激しく、指導部活動家の逮捕相次ぎ、十一月二十一日敗北に終わる。（九月）

○富士瓦斯紡績川崎工場の争議解決後、その解決条件を不満として煙突男第一号現れる（滞空一三〇時間）。（十一月）

○東洋モスリン亀戸工場（全労日本紡織労働、洋モス協議会）で争議。

○**東京モスリン沼津工場**（静岡、総同盟紡織労働）で争議。（六月）

○この年の繊維部門の争議は、人員、件数とも戦前最高

一九三二年

○日本共産党弾圧熱海事件。（一〇月三〇日）

一九三三年

○**東京モスリン亀戸工場**（京モス亀戸工友会、京モス労働組合連盟）で争議。（三月）

○**喜美検挙**（五月二十一日）

一九三四年

○**東京モスリン沼津工場**で賃下げ反対で交渉、有利に解決。

○東京モスリン吾嬬工場と沼津工場で共同して待遇改善を要求、二銭昇級させる。（五月）
○東京モスリン亀戸工場（東京、総同盟関東紡織）で争議。（六月）

一九三五年
○東京モスリン金町工場で組合圧迫が原因で争議、ストに入る。工場内団体への加盟、脱退の自由、男八名、女一〇名の復職、三〇名の解雇承認などにより解決。（二月）
○東京モスリン沼津工場で争議、一〇名の退職、二〇〇〇円の特別手当、解決費二〇〇〇円で解決。（五月）

一九三五年六月
○東京モスリン亀戸工場（東京、全労日本紡織）で争議。
○喜美地裁公判開始。（八月十九日）
○喜美栃木刑務支所で獄死。（一二月十八日）

一九三七年
○大東紡織（京モスの改名会社）亀戸、吾嬬、沼津の三工場が共同闘争で、賃上げ要求、男工世帯主九銭、非世帯主七銭、通勤女工世帯主七銭、悲世帯主四銭、寄宿舎女工三銭、一年以下二銭を獲得。（五月）

一九三八年
○国家総動員法公布。（四月）

一九四〇年
○総同盟、自発的解消を決議（八月）
○大日本産業報国会結成。（十一月）

（八）東京モスリンにおける労働者のたたかい

年表でみた通り、総同盟加盟の紡績工場労働組合の中で、京モス労働組合は、もっとも戦闘的な労働運動を展開し、労働者の労働条件の改善、賃銀の切下げ反対、操短による首切り反対を要求して、ストライキを何回も繰り返し行っていました。

（八―一）京モスの争議に対する戦術

京モス会社はこのような情勢の中で、争議に対抗する戦術を定め、全社で共有することにしました。

総同盟が成立した一九二一年の十一月五日に、本社の労務課が争議に対する戦術を定め全工場に示達しています。大企業のストライキに対する戦術が文書として残されている例は少ないので、参考になると思われるので、その全文を示します。

東京モスリン紡織会社争議戦術参考資料

（『舟橋ノート』）

一、争議ニ対スル戦術決定ノ目標トシテ
解決其ノモノヲ急グ必要アル場合
根本的解決ヲ期セントスル場合ニ依リテ戦術モ自ラ異ル
二、普通ノ場合ニ於テ会社ハ挑戦的ナラザルコト
三、争議団ノ宣戦布告ニ対シテ会社ハ其経過概要ヲ公表シ大義明分ヲ明カニスルコト
四、直ク争議係ヲ設置スルコト
例ヘバ（一）争議委員長、（二）副委員長、（三）交渉委員、（四）財政係、（五）記録係、（六）接待係、（七）炊事係、（八）外務係、（九）伝令係、又ハ（一）争議委員長、（二）副委員長、（三）参謀、（四）通信係、（五）応接係、（六）炊事係、（七）宣伝係、（八）保全係、（九）会計係、（十）交渉係ノ如シ
五、参謀部員ハ多数人員タラザルコト。命令統一行動迅速秘密漏洩ノ恐レガアル
六、警察署其他公所ニ経過ヲ報告シ連絡ヲ取ルコト
七、応接係ハ記者団其他外来者ニ対シ懇切ナルコト
八、工場内ニ争議団ヲ出入セシメザルコト
九、消防警戒隊ヲ編成シ争議団侵入ヲ防止スルコト
十、食堂ハ開放セザルコト
十一、宣伝情報係ハ敵ノ宣伝動静ニ充分注意スルコト
十二、会社ハ争議団ノ宣伝ニ対シ余リ釈明的態度ニ出ラザルコト
十三、寄宿女工ノ争議中ノ外出ハ最モ注意シ節度アルコトヲ要スル
争議団ハ、監禁ト云フ名目ノ下ニ、種々之ヲ利用セントスルノガ多ク、場合ニ於ケル彼等ノ戦法デアル、之ガ利用ニ委スハ会社ニ取リテ多クノ場合不利デアル、但シ平素ニ於テ自由外出ヲ原則トセシヲ以テ争議中ニ保護必要上手控ヘノ要アラン
十四、解雇及就業通知ハ様子ヲ見テ発セザレバ却ッテ反動アリ
例ヘバ就業通知ノ如キハ敵勢ノ乱レルヲ見テ発スルニ於テ最効果アルガ如シ
十五、争議団事務所ハ工場附近ニ設置セシメザルコト
十六、募集人ニ打電シ置クコト
十七、争議中寄女ノ取扱ヒニ注意スルコト
十八、争議団ノ父兄ニ対スル宣伝ニ注意スルコト

十九、争議団ニ工場内ニテ若シ演説会ヲ許可シタル場合ニ監視ヲ附スルコト
二〇、争議団トノ交渉ハ交渉委員ヲ以テシ、工場長ノ個人的面会ヲ避ルコト
二一、調停者ニ対シ会社側ノ腹ヲ強メテ先ニ発表セザルコト
二二、重役並ニ大株主ニ対シ経過概要ヲ直チニ報告スルコト
二三、解雇者ヲ出サントスルトキハ、其理由ヲ明ニスルコト、例ヘバ就業規則第何条ニ依リト云ガ如ク、其理由ヲ明カニナシ置クコト
二四、工場法及保険法等ニ違反事項ナカラシメ置クコト
二五、サボタージノ場合ヲ研究シ置クコト
二六、ストライキ中給料支払日来タルトキノ給料支払方法ニ就テモ研究シ置クコト　以上

次に示す「争議戦術資料ノ説明ニツイテ」は、先に示した「争議戦術参考資料」の第二五号「サボタージの場合」と第二六号「ストライキ中給料ノ支払方法」争議団に乗ぜられることのないよう、万全を期すために補強されたものです。これは、翌々年七月一日に迫った、工場法施行（婦人及び少年の深夜業禁止）に対処するために、会社側が賃下げ、労働強化、首切りを実行した場合に起こるストライキを想定し、あらかじめ万全の戦術を定めたものです。

争議戦術資料ノ説明ニツイテ

（昭和二年十一月七日労務課）

第廿五号　サボタージノ場合

彼等ノ戦術トシテサボタージガ一番都合ガヨイ。又若シ其レハ会社ニ取ッテハ都合ガ悪イガ請負制度ノ工場デハ彼等ニモ損失ガアルカラ其ノ場合ソンナ戦術ハ取ルマイト思フガ、若シ何ラカノ都合デ彼等ガガ斯ル戦術ヲ取ッタ場合ニハ会社ハユキナリニ工場ヲ閉ズルコトハ挑戦的ニナリ且ツ彼等ニ口実ヲ与ヘルコトニナルカラ予メ彼等ニ真面目ニ働ク意志ナキ場合会社ハ止ムナク就業規則ニヨリ通告休業ヲナシ其ノ期間中ノ賃金ヲ支払ハザル旨ノ警告スルコトガ必要デアル様デアル。

備考―当社就業規則ニ―「又ハ会社ノ都合ニヨリ出勤ヲ差シ止メラレタルモノ。……別ニ定ムルトコロニヨリ手当金ヲ支給ス」トノ規定モアルノデ彼我ノ利害

ガ相反スル場合ニハ論争ノ生ジ易キ規定デアルヨウニ思ハレル
第廿六条ノストライキ中ノ賃金支給ノ場合
　争議中寄女ヲ外出サセザルコトガ会社側ニ原則トシテ有利アル様ニ争議団ヲ工場内ニ入レナイコトガ又利益デアル。彼等ノ戦術トシテハ大挙シテ会計係ニ殺到シテ会計係ヲテコズラシテ誤算セシメ其レヲ種ニ又気勢ヲ掲ルノデアル。又賃金ノ支払日ガ遅レルトソレヲ抗議ノ材料トスル様ニ何カ会社ノ欠点ヲ列挙シテ以テ気勢ヲ掲ゲ団結ヲ固メルノガ彼等ノ戦術デアル
　現争議中ノ鶴見ノ芝浦製作所デハ賃金支払日ニ竹ヤライヲ作リ門ノ所デ一人シカ交通ノ出来ナイ様ニ柵ヲ作リ巡査ガ之レヲ整理シテ其ノ混雑ヲ避テ給料ヲ支払ッテ工場内ニハ一歩モ入レナカッタ実例ガアル　以上

（八―二）喜美が入社した前年の大ストライキ

　喜美が亀戸工場に入社する半年前の一九二六年八月、女工の食中毒をめぐって、大きな争議が起きました。『東京モスリンから大東紡への50年史』（以下50年史）から引用して、ストライキの経過をみることにします。

七月二十三日　工場内に中毒患者発生せるを以て、直ちに寺島警察署に届出、極力防止につとめると共に、中毒原因の調査するも原因を発見し得ず。中毒患者はその後も日日発生し、その数三〇〇名程に達したる為、会社は外部より医師・看護婦の応援を得て、万遺漏なきよう努めたり。
七月二十七日　幸にして中毒は皆軽微にして、ほとんど終熄の状態となれり。
七月二十九日　工友会幹事塩原喜作外六名、工場の交渉委員森栄造外二名に対し会見を求め、三ヶ条の要求条件を提出し、約三時間交渉し、若し要求の容れざるときは、営業所に報告し重役の御判断を請うと同時に、賄係鈴木伊助氏に対し決議文を手渡し、自決を促す旨工友会幹部は言い残し会見を終る。
七月三〇日　工友会幹部七名、工場長事務局長及び交渉委員と会見、前日提出の要求条件に対する回答を求む。
要求の三条件
一、休養したる者の給料条件
二、賄管理に参与せしむること
三、賄責任者鈴木伊助の更迭
八月三日　亀戸工場塩原喜作外六名の工友会幹部、営

業所に来たり、青木社長並びに松本常務に面会を求む。稲葉、宇佐美、大野の三氏社長に代り面接す。塩原は、要求条件並びに工場長不信任の理由書を提出し、その理由を説明し、社長への取次を依頼して帰る。
八月四日　亀戸工場工員に対する回答案につき、工場側の意見を確かめるため、昨夜会見の結果に基き、名取工場長、池田事務長列席の上、重役、相談役、其他幹部社員出席し、営業所にて会議を開く
八月五日　重役並びに相談役会議を開き、回答案につき協議し、左の如く決定す。（以下略）
亀戸工場工員代表塩原外五名に対し、三日提出の要求条件に対する青木社長の回答を稲葉総務部長代理より言渡しせり
八月六日　本日後番者より同盟罷業を決行せり。
八月六日より八月十日迄争議のため運転を停止し、松本綿糸部長始め職員一同宿泊し、各任務に服せり
八月七日　営業所職員一同に対し、稲葉部長代理より、亀戸工場争議に関する本日迄の経過に付き報告あり。
八月十日　登坂重役、大沢吾嬬町長・小田亀戸警察署長よりの通知により町役場に出頭、種々交渉の後俄然調停成立し、大沢町長・小田署長立会の許に双方代表者会見し、調停書に調印す。
調停四条件は
一、会社の声明した如くこれを承認する
二、吾嬬工場と同様な賄所相談委員を置くこと
三、賄責任者の更迭は承認
四、工場長は更迭し、工友会側も十名の解雇者を出すことを承認する
八月十一日　本日午前七時登坂・松本両常務取締役立会のもとに工場全部の運転を開始せり
この中毒事件とストライキの経過について、『無産者新聞』が二回にわたって詳しく報じています。

『無産者新聞』第四〇号（一九二六年七月三〇日）
女工の中毒は搾取の内幕曝露
腐った味噌汁を吸わす東京モス
こんな会社は外にもある

東京モスリン株式会社亀戸工場の寄宿舎では、二十二日の夕食の副食物いんげん豆の味噌煮に中毒して、四百名の女工中三百名が、一斉に腹痛をおこし激しい吐瀉をはじめた。会社では出来るだけおし隠して、会

社嘱託の藪医者で不十分な手当を加えているが、警視庁衛生部の井口防疫が語る処では、「野菜の中毒とは思われぬから、味噌が腐敗していたのではないか」と言つている。洋菓子屋のシュークリームに中毒して一人二人の家族が下痢吐瀉を起したと言う事件に対しては、買う者の方が充分注意すれば可なり防ぐ事も出来るし、又腐敗した品物を売った店は自然お客が減少するから、店自体でも可なり注意するであろうが、斯かる会社の寄宿舎で起こる中毒事件に対しては、其の責任は全然会社にあって、女工諸君は何の保護も受けずにこの危険に曝されている。なぜかと言うに、総ての繊維工場の寄宿舎では、賄は会社の一存によって決するもので、会社は賄を一番安く請負う商人に請負はしているから、請負人は利益をむさぼる為に、出来るだけ安い悪い原料を使って献立を作るのである。其の上に会社側では、賄が安いと言う事を寧ろ女工に恩恵でも与えているように宣伝している。処が其の実は、食費の低廉だと言う事は賃銀の安い事を誤魔化す口実であり、又出来るだけ食費を切り下げる為には、腐敗したものでも何でも、一番悪い原料を使用せしめるので、繊維工場で働いている女工諸君は、とても人間の一日働けるだけの栄養でさへ採る事が出来ないしくみにしてある。従って女工諸君の買食いその他の悪風も激成されるのである。寄宿舎内での中毒の危険は会社にまかしておいて解決できない。是非とも女工諸君自ら委員を選んで、賄を監督し、献立を自分で作る必要があるので、会社と闘ってこの権利をとりかえさねばならぬ。

『無産者新聞』第四二号（一九二六年八月一四日）

幹部が買収されたと　従業員怒る
中毒事件から勃発した　東京モスリン争議

昨月二十二日女工が夕食から中毒を起し三百余名が病臥したので有名な府下亀戸町東京モスリン工場では、中毒事件から端を発して遂に三千名の従業員総罷業となった。最初従業員側は名取工場長に衛生設備改善其他三ヶ条の嘆願をしたが、容れられぬので更に之を要求に変え、青木社長に提出した。該要求条項は

一、工場長名取義一の更迭を行う事
二、今回の中毒で休業した患者に対し会社は給料全額を支払うこと

三、食事の改善、衛生施設の完全を計る為会社は従業員より数名の嘱託委員を挙げ、食料品の買入れ、献立、料理、嗜好物の選定其他食事衛生一切の件に参与せしむること

四、鈴木監督は中毒事件の当事者として更迭せしむる事で従業員代表は五日青木社長に面会したが、不徹底のため同夜職工大会を開き、翌朝より一斉に罷業に入った。総同盟より關東紡績労働組合が全力を挙げて応援し、吾嬬工場三千七百も同情罷業の形勢を示して昨年の川崎大争議の様な形勢に至るかと思われた。争議は七日演説会、八日荒川堤で五千の示威運動を行ったが、吾嬬町長大沢の調停で交渉開始、十日午後二時に至り左の条件で解決した。

一、争議責任者として十名を馘首すること
二、解雇手当一人五百円宛支出する事
三、争議中日給半額支給
四、争議費用二千円を支出する事

この争議は中毒事件という好個の題目を捉へ賃金問題というむづかしい条件に触れず簡単な要求を掲げて短時日の内に解決したが、この争議に十名の犠牲者を出した事は不思議である。而して十日夜の解団式には、従業員間に幹部が買収されたりとの噂伝わり、解雇者の手当五百円も会社からだすのではなくて、従業員の日給中から出すのだという事が解り関東紡績の主事岩内君が報告せんとするや二千の従業員は「ダラ幹」「ダラ幹」の叫びを挙げて報告せしめず止むなく幹部は警察に駆けつけ警察の手を藉りて争議団を解散させた。然し従業員の不平は止まず、十一日夜は七十名の代表を集合し一対策協議中であるというので、この争議は労働者の利害を代表せぬ幹部の裏切を暴露した代表的なものである

この食中毒事件で、労働組合が掲げた要求の中で特筆すべきは、次の四項目です。

一、工場長の更迭
一、賄責任者の更迭
一、食事内容に労働組合の意見を述べることのできる、賄所相談委員を置くこと
一、寺島警察署の調停によって、工友会員十人の解雇を許したこと

『無産者新聞』が二回にわたって、長い記事を掲載して

います。この事実は、亀戸工場の中に、桜庭吉治や大和庄佑のような活動家が、『無産者新聞』の通信員の役割を果たしていたことを窺がわせます。

入社一年目の伊藤憲一が遭遇したストライキの感想を示します。


一九二六年の七月、東京モスリン亀戸工場にもストライキが起つた。それは夕食に出たささげの胡麻あえから五百何名という女工を主とする職工たちが、集団中毒を起した事件であった。それに対して、今後こうゆう中毒を起すようなものを食わせるな、という組合側の要求を会社側は拒否したのであった。すなわち決してその問題のおかずが中毒の原因ではないというのがその言分であった。三千数百の労働者は一致団結してストライキに入った。職工というものが社会の最下級で、人々から軽蔑されている。その職工になった私がただ朝から晩まで働いて、一生うだつが上がらないものと思っていた矢さき、自分と一緒に働いていた職工達が、堂々と演説するのを聞いて少なからず興奮したものである。私は演説というものは、われわれ職工などするものではないと思いこんでいたのであった。

(『牢獄の青春』三八ページ)

(八―三) ストライキのなかで労働者階級意識を自覚した若者

このストライキによって、伊藤憲一のような若者が労働者意識を自覚することになったことが、とても大切なことでした。

南葛の紡績工場の労働組合の中に、ストライキなどで組合役員の活動を支えるために、青年前衛隊を組織していました。亀戸工場のなかにも青年前衛隊があり、桜庭、大和、伊藤などは、その中で積極的に活動していました。彼等は、工場通用門の近くにあったクラブと呼ばれた集会所に、連日のように集まっていました。喜美も三ヵ月の養成教育がおわらないうちから加わったといわれています。

伊藤憲一は、東京帝国大学セツルメントの市民教室に入り、社会科学の基礎を学んだのでした。セツルメントの古川苞などを教師として、青年前衛隊のメンバーは社会科学の基礎について学習していました。

学習は、蚕糸不況で繭の値段が半分以下になり、疲弊が激しい故郷のくらし、不況のたびごとにくりかえされる操短、解雇、賃銀切下げ、労働強化について、一人一畳半に満たない部屋に一〇人、一五人と詰め込まれている人権無視の寄宿舎生活などについて語り合い、紡績工場で働いて本当に幸せだといえる工場生活を実現する道を、必死になって探求することでした。

伊藤憲一は、「一九二八年二月の第一回普通選挙では、わたしと大和は日労党の松谷与次郎をかついで選挙をやった」『物語青年運動史』（一三一ページ）と書いています。一六歳になったばかりの若者が選挙運動に加わっていたのは、驚きです。松谷与次郎を亀戸工場の労働組合は支持していました。吾嬬小学校での演説会の絵はがきを示します。多くの警官が臨席していることがわかります（次頁写真）。

伊藤憲一は、彼が科学的社会主義に目覚めていく過程を次のように語っています。（『牢獄の青春』四一ページ）

一九一五年九月本所柳島元町の東京帝国大学セツルメントの市民学校に入学した。セツルメントには左翼関係の人びとがたくさん出入りしていたので私はすぐに全日本無産青年同盟や東京合同の諸君と相知るようになった。そして東京合同と全日本無産青年同盟に加入したのであった。従って私は一時総同盟と評議会に二重に籍をもっていた。私は直ちに「無産者新聞」の読者になった。当時は福本主義の全盛時代であったが、「マルクス主義政治批判」「インターナショナル」「産業労働時報」「労働者」等を分かっても分からなくても、隅から隅まで読むようになった。市民学校で国語を教えてくれた今は死んだ、頑強に中央部を守った同志の一人古川苞であった。私は彼から唯物論の講義を聞いた。また山川均の『資本主義のからくり』を読んだ時は、世の中のことが一遍に何も彼も分かったような気がして、頭が軽くなるのを感じたものである。この頃左翼方面では毎日のように、集会、ビラ撒き、ポスター貼りなど何らかの活動がなされていたので、私はまるで熱病にとりつかれたように、方々の演説会やビラ貼りに参加した。しかし一方総同盟では何等の行動ももたれなかったので、副会長を突っついて研究会を持たせるように運動した。

この研究会に参加してきた人々の中には、後に日本共産党の指導者となり、獄死した喜美や大和庄佑がいました。彼は、函館商業学校を中途退学し、東京合同に加わり、評議会の勢力を拡大する目的をもって、京モス亀戸工場に就職し、機械保全工として機械場で働いていた、亀戸工場における指導者でした。

こうした青年前衛隊の集まりの中に、喜美も加わってきたのです。

東京モスリン大争議絵ハガキ① （1930 年７月／無産写真通信社）

▲吾嬬第４小学校における官憲に取り囲まれた演説会（演壇は松谷興次郎氏）

▼東京モスリン争議・食堂内の演説会場と 3000 人の工女たちの団結
（左下は課長室に貼られたビラ）

「無産者新聞」や全日本無産青年同盟に加盟し、「青年同盟」紙の読者となり、日本共産党の合法機関紙「無産者新聞」や、非合法の機関紙「赤旗」の読者も増えて行きました。

（八—四）喜美ストライキを指導

一九二八年、こうした若者たちが、賃上げを要求してストライキをおこしました。その中で活躍した、伊藤憲一の回想を見ることにします。

昭和三年の八月、私たちは部分的ではあったが、賃銀二割五分の値上げの要求を掲げた、東京モスリンの争議を指導した。この争議は第二工場のリングという粗紡機でつくった棒綿を普通の糸にする職場で、五百あまりの女工をストライキに入れることによって勝利をえた。しかし、要求が通ってストライキが解決されると、私と大和のほか二人の除名問題が持ち上がった。

理由は私たち四人が組合同盟の幹部を差し措いて争議を指導したというのであった。

結果としてはそんな形になってしまったが、事実は最初例の如く組合幹部がこの問題を取り上げなかったことに原因していた。われわれは、直ちに女工大会や従業員大会を開いて事柄を審議し、いよいよ事態が険悪になって、女工がストライキをやる為に、皆モーターを止めて工場外に飛び出してしまった時、副会長で私の職場の首席組長をしていた村山金之助（この人は日本労農党の創立委員の一人である）というじいさんが、ストライキを止めるように女工たちをなだめすかしていた。つまりストライキ破りをやっていた。そこで私が断固としてストライキをやるべきだという演説をしたために、女工達はメーデー歌を唄って宿舎へ引揚げてしまい、頑強に職場に帰ることを拒んだので、ついに争議は成功したのであった。その上組合幹部は、私たちの除名の理由であった。以上が私たちの除名の理由であった。その上組合幹部は、私たちが共産党と関係があるから、私たちを除名しなければ組合を解散させるという寺島警察署の警告を、除名の理由に挙げていた。役員会では相当反対者もいて、除名するなら組合を分裂してしまえという議論もあったが、私たちは分裂の不利と、警察が私たちがいれば解散するというのならば、というわけで除名を承認したのであった。このことをきいた女工たちは泣いて騒いだが、その時はもう左翼の勢力も相当残っていたので私たちは出ることに決心したのである。翌日会社は私たちを辞職勧告という形で馘首したのであった。（『牢獄の青春』

五七～五九ページ）

伊藤憲一は、このストライキのなかで喜美の活躍について語っています。（『前衛』一三八号）

飯島はその工場の第一工場三紡機の二番で働いていた。彼女は当時の女性としては大きい方で、右か左に首をかしげるくせがあった。美人というタイプではないが、目のパッチリしたはなはだ印象ぶかい顔の持主であった。彼女こそ私や大和庄佑（現在函館地区委員）

▲ 伊藤憲一が1928年8月、京モスを馘首された時の送別会。最前列右より3人目伊藤。その左大和、その後ろ喜美

が、直接育てた数少ない婦人活動家の一人である。はじめ私たちが主催した研究会に出席（この研究会に集まった常連は、四〇〇〇人中一〇人位である）だんだん組織的なつながりをもつようになった。

私や大和がこの工場を追われる直接の原因となった第二工場精紡の女工ストライキのさいにも、田浪ハルという栃木県小山町出身の婦人と二人で実にすばらしいはたらきをした。

ストライキで寄宿舎に立て籠もった女工たちにたいして、会社は暴力団のような組合幹部と人事課員をつかって弾圧したが、男子の出入を禁止している寄宿舎で、飯島と田浪は独自に約五〇〇人の女工を指導してストライキを勝利に導いた。一九二八年の夏、飯島が一七歳のときである。

山岸一章は、喜美が闘っている姿を記録しています。（『不屈の青春』四一ページ）

このたたかいの中心は男子の出入が禁止されている寄宿舎でした。暴力団まがいの職制や組合幹部が、ストライキをやめて働けと、いくども寄宿舎におどしにきました。しかし飯島喜美さんは、入口に近い部屋の敷居に柱を背にして、ひざを立ててすわり、まったく平然としていました。そのおちついた姿をみて、みんなも職場に帰ることを拒み、ストライキを続けてついに要求をかちとりました。このとき飯島さんは十六歳八カ月で、若い婦人労働者のなかでも年少のほうでした。その若さで、寄宿舎の五百名のたたかいを指導したのだから、おどろきです。

『無産者新聞』第一七二号（一九二八年年八月二十日）に、このストライキの報道がされているので紹介します（134ページに紙面掲出）。

罷業したとて組合から除名
會社は喜んで早速解雇
許し難い組合同盟幹部の裏切

東京モスリン亀戸工場は度々組合同盟指導の下に争議を続けて来たが貫徹条項は実際には何一つ実行されず、会社側の虐使がつのるばかりなので同工場内のリング女工さんは、組合同盟の幹部諸君を頼むに足らずと奮然起って職場を引き上げ寄宿舎に集合して大会を開いて賃銀値上の要求書を提出した。

然るに不思議な事には、組合同盟幹部諸君は寄宿舎に乗込み、争議団の解団を迫った。しかし従業員は之を聞き入れず、力を集めて戦った為、会社側は遂に屈服して、要求は大勝利に貫徹した。会社は其後、闘争分子をよび出して「お前達は煽動分子だから組合同盟から除名してやる」と威嚇したが、之を聞き付けた組合同盟の支部長村山金之助は、十四日緊急役員会を開き、組合の統制を乱したと云う名目で闘士四名を除名し、会社の御機嫌をうかがったので、会社も満足の意を表し、四名を馘首してしまった。一般従業員は、組合同盟幹部の此の裏切的行動に、非常に憤慨している。

争議を指導し、解雇された大和庄佑は喜美の思い出を、山岸一章によせています。（『不屈の青春』四二ページ）

喜美ちゃんが青年前衛隊の集まりにきたのは、三カ月の養成工を終わらない頃から加瀬嘉子さんたちと一緒でした。第一工場のロービング職場で養成工の印を腕につけていたのを覚えています。工場の通用門の近くにクラブと呼んでいた集会所があって、階下はピンポン台などがあり、階上は畳敷きで集会に遣え、そこで集まりを持っていました。紡績工場の外出は自由でなかったのですが、大正十五年のストライキの後、クラブへの外出だけはらくになったので、ほとんど毎晩のように各種の集まりを持っていたのです。喜美ちゃんは大きな目を輝かせて、負けずぎらいの気性で勉強していました。勉強するといっても、今のように、マルクス・レーニン主義の本が自由に読める時代ではありませんし、私も非合法出版の『共産党宣言』を書き写して大切にしていた頃です。寄宿舎住いと、一週間交代の昼夜十一時間勤務でしたから、ものを読むだけでも大変な努力だったのです。

昭和三年夏のストライキで私や伊藤憲一君が首になった後、青年活動家や婦人労働者の間に動揺があったのを引き締めて、もり返した中心が喜美ちゃんでした。東京合同が亀戸工場へビラをまいたことから、私の下宿がガサにあい、共青の機関紙『青年戦士』が没収され、運よく不在だった私はそのまま潜ることになりました。その時、工場内の寄宿舎も捜索されたのですが、喜美ちゃんは、『青年戦士』や『無産者新聞』を素早く処理したらしく、犠牲を受けなかったので、その後も連絡がついていました。昭和四年二月、市ヶ谷刑務所に入った私に、亀戸工場の仲間から差入があったのも、喜美ちゃんが組織していたようでした。

（八―五）京モスで共産党細胞結成

大和庄佑・伊藤憲一など四人が工場から追い出された後は、彼等といっしょに活動していた桜庭吉治、安部正美等に、鈴木清が加わりました。鈴木は紺野与次郎等と、山形高等学校（現山形大学）でストライキを組織したため退学処分となり、東京合同労組に身を寄せていましたが、拠点工場である京モス亀戸工場に、全協の組織を拡大するために派遣されたのでした。亀戸工場と吾嬬工場の指導者は、上野謙吉でした。

鈴木は、混打綿室の打綿工として採用され、交替番作業に従事していました。鈴木は四・一六事件で検挙され、裁判にかけられましたが、保釈中に、小説「監獄細胞」『ナップ』（一九三一年十月、十一月号）、「火を継ぐもの――多喜二の霊に――」『改造』（一九三三年四月号）の二編の小説を出版しました。そこには、亀戸工場の経験がルポルタージュ風に書かれています。亀戸工場の労働実態と日本共産党の活動についてくわしく書かれているのは「火を継ぐもの」です。二つの小説は『日本プロレタリア文学集31 本庄陸男、鈴木清集』（新日本出版社、一九八九年）で読むことができます。

山岸一章は、喜美の評伝を書くための資料として、鈴木清から寄せられた回想の手紙を、要約して、『不屈の青春』

で次のように紹介しています。

東京モスリンは総同盟の日本紡織労働組合ですが、左翼グループは東京合同労組の指導を受けていました。グループの責任者は日本紡織労組教育婦人部長の桜庭吉治（秋田県天王町出身）で、昭和四年二月に入党し、その後鈴木清と準備細胞をつくり、『鬼車』という工場新聞を出しています。平塚直喜、高橋弘寿にも働きかけ細胞に加わってもらったが、入党手続きは未了でした。飯島喜美は左翼グループの婦人責任者でした。彼女は化粧もしていなかったが、細おもての眼のくりくりした美人型の娘でした。非常にはきはきしていて、頭の回転もよく、組合員の信望もありました。婦人部の委員選挙で、ボスの圧迫を受けながら当選した記憶もあります。私が編集をやって『鬼車』の原稿も書いてもらったし、配布も手伝ってもらったのですが、まだ党員にはなっていませんでした。しかしその対象者にはなっていました。四月十日ごろ、桜庭君が検挙されました。当時。東京モスリンはストライキの準備をしており、工場の中は騒然としていました。スト準備中に左翼グループが予備検束されることも、よくあったので、桜庭君が党の検挙かどうかわかりませんでした。同時に事態を平塚同志と飯島喜美さんに連絡しようと、彼女の三紡機の職場をまわりましたが、平塚君は昼勤で、彼女はかぜで休んでいました。その夜明けの五時頃、私は工場の中で特高に検挙されました。私が亀戸署に留置されてから二、三日後、飯島喜美他一人の婦人活動家が検束されてきましたが、三、四日で出されました。その後飯島さんとは会っていませんが、私が入獄中、亀戸工場の職場から励ましの差入と手紙がきました。それは婦人たちからのもので、私はその救援活動の主は、飯島喜美同志だと感じました。

この時期に、紡績労働者が直面した大きな問題は、一九三〇年七月一日から、全面的に実施される深夜業廃止によって、資本から掛けられた、賃銀切下げ、労働強化の問題でした。『全繊同盟史』第一巻、三八五ページには、次のように論じています。

深夜業の廃止は、必然的に時間の短縮となる結果、請負制度のもとにある大多数の労働者は、賃銀の低下をきたすことになる。従来の就業時間は一一時間であったが、実労働時間は一〇時間である。それが深夜業禁止の結果、就業時間は九時間、実労働時間は八時間半となり、一時間半の時間短縮となり。請負賃金の場合は一五%の賃銀低下となるのである。低劣な賃銀が更に一五%削減されれば、どのようにして食っていくのだろうか。娘の仕送りでしのいでいる零細小作人のくらしが困窮を極めることになる。

鈴木は、「火を継ぐもの」のなかで、深夜業廃止にたいするたたかいを、次のように描いています。

　『鬼車』は、もう五十部に増えていた。ルビー附の文字で、美濃半紙二枚の新聞だった。それには、当時の、深夜業廃止に伴う賃金値下げと、馘切の問題が中心的に取り上げられていた。黒い枠で囲まれた中は、『山宣の労農葬』の記事だった。

『鬼車』は、日本共産党京モス亀戸工場準備細胞が発行していた工場新聞です。工場全体の機械を動かす蒸気機関のフライホイールは鬼車と呼ばれていました。労働者の闘いを牽引する工場新聞にしようという心意気が彷彿されます。

鈴木は、四・一六事件で検挙され、裁判にかけられましたが、その裁判に『鬼車』創刊号と第二号が治安維持法違反の証拠物として提出されています。

『鬼車』は、大原社研や日本共産党中央委員会党史資料室（以後党史資料室）などで保存されていませんが、裁判の証拠物になったものなので、どこかに残っているのではないかと、探索を続けています。

(八―八) 四・一六事件で京モスの弾圧

日本共産党京モス亀戸工場・吾嬬工場準備細胞員が四・一六事件で起訴された人々の裁判記録を、『現代史資料(16)』から引用して、紹介します。

「栗原佑外二十七名治安維持法違反被告事件予審終結決定書（一九三〇）」より引用。

大和庄佑

本籍　北海道函館市大黒町五十一番地
住居　北海道函館市松風町二百六十番地　大和要助方
　　無職

被告人大和庄佑ハ
　函館商業学校中途退学後東京モスリン株式会社亀戸工場職工トナリ日本労働組合同盟所属日本紡織労働組合ニ加入シ其青年部長タリシモ昭和三年該組合ヲ除名サレ其後新無産青年同盟準備会南葛支部、東京合同労働組合南葛支部等ニ加入シ社会運動ニ従事シ居タルモノナルトコロ昭和三年八月二十三日頃当時被告人ノ止宿シ居タル東京府下亀戸町四丁目百二十九番地後藤方ニ於テ滝川恵吉ノ勧誘ニ応シ日本共産主義青年同盟カ前記ノ如キ目的ヲ有スル秘密結社ナルコトヲ知リナカラ之ニ加入シ

第一、

一、同年九月一日頃被告人森平鋭ヨリ「青年戦士」第九号四部ヲ受取リ其ノ命ニヨリ其頃右準備会ノ活動分子伊藤憲一ニ同府下吾嬬町小村井五百六十九番地堀仁太郎方ニ於テ秋野五郎ニ右被告人止宿先ニ於テ各一部宛手交シ同月六日頃同右吾嬬町小村井五百三十一番地桜庭吉治ニ一部郵送シ

二、同月十七日頃右同様森平鋭ヨリ同様「青年戦士」第十号五部ヲ受領シ其頃右伊藤憲一ニ被告人止宿先ニ於テ、浅井健二事遠藤豊馬ニ同府下小松川荒川放水路堤上ニ於テ、小島幸夫ニ小松川四丁目八十四番地阿部義美方ニ於テ各一部宛手交シ右桜庭吉治ニ同様一部ヲ郵送シ

三、同年十月七日頃森平鋭ヨリ「青年戦士」第十一号五部ヲ受取其頃右遠藤豊馬ニ右阿部義美方ニ於テ、伊藤憲一小島幸夫ニ右被告人止宿先ニ於テ各一部ヲ手交シ

第二

右森平鋭ノ命ニヨリ同盟組織影響ノ拡大ノ為先ツ新無産青年同盟ノ組織ヲ確立スヘク伊藤憲一、小島幸夫等ト共ニ新無産青年同盟準備会ノ名ヲ以テ「青年労働者ハ無産青年同盟ニ加入セヨ」「青年労働者ニ大人ノ労働者ト同一ノ賃銀ヲ支払ヘ」等ノ文言ヲ記載セル宣伝ビラ約五十枚ヲ印刷作成シ内数十枚ヲ右吾嬬町小村井所在大日本自転車工場ニ撒布シ以テ該同盟ノ主義、政策ノ宣伝煽動、組織影響ノ拡大ニ従事シ

「市川正一外八十二名治安維持法違反、三田村四郎傷害被告事件予審決定書」より引用。

上野謙吉

本籍　鶴岡市若葉町一番地ノ五

住居　東京府豊多摩郡落合町下落合九百七十一番地　山田正作方

無職

当二十五年

被告人上野謙吉ハ自由労働ニ従事シ大正十四年十月頃自由労働ノ団体ヲ組織シ東京合同労働組合ト合併後其執行委員、争議部長、臨時常任委員ニ歴任シ其後単一総連合ノ組織ニ参画シ其ストライキ宣伝部ヲ担当シ以テ同

十五年末頃ヨリ職業的ニ組合運動ヲ為シ来リシカ夙ニ社会主義思想ヲ懐キ研究ノ結果共産主義ニ共鳴スルニ至リシモノナルトコロ昭和三年十二月中頃東京市外某所ニ於テ被告人伊藤保ヨリ勧誘セラレ日本共産党カ前記ノ秘密結社ナルコトヲ知リナカラ之ニ加入シ東京地方第二地区責任者ニ任セラレ其後同地方第一地区責任者ヲ兼ネシカ

第一、

入党後日本労働総同盟所属逓友同志会東工支部延テハ同会全体ヲ左翼化シ同支部分会ノ存スル各電話局ニ党細胞ヲ組織スル目的ヨリ同四年一月中東京府北豊島郡長崎町吉原某方ニ於テ逓友同志会東工支部ノ活動分子タル被告人阿久津三次ニ次テ同年二月初旬同所ニ於テ同シク活動分子タル被告人渡辺久雄ニ各入党ヲ勧誘セシメ

第二、

南葛、江東（南葛飾郡、本所区、深川区）方面ニ党組織ヲ拡大強化シ細胞組織ヲ促進スル目的ヨリ同年一月中旬頃東京市浅草区浅草公園ニ於テ被告人滝口信三ニ、同年二月頃同市本所区内業平橋附近ニ於テ被告人高橋貞治ニ、同年二、三月頃右浅草公園ニ於テ被告人桜庭吉治ニ夫々入党ヲ勧誘シテ承諾セシメ

第三、

同年三月上旬前記東京地方第二地区責任者ニ就任後同年四月十四日検挙セラルヽ迄ノ間同地区内ノ細胞組織促進ノタメ地区内重要工場ヲ物色シテ目標工場ヲ定メ自ラ東京モスリン紡織株式会社亀戸工場ヲ担当シ、党員前納善四郎ニ同会社吾嬬工場ヲ、被告人滝口信三ニ株式会社隅田川精鉄所工場ヲ、同高橋貞治ニ日本電源株式会社工場ヲ、同渡辺久雄ニ本所、墨田両電話分局ヲ各担当セシメテ夫々党方針ニ基ク諸般ノ活動ニ従事セシメ

第四、右期間被告人桜庭吉治、同鈴木清ト前記ニ従事東京モスリン紡織株式会社亀戸工場（東京府南葛飾郡吾嬬町亀戸所在）細胞準備会ヲ組織シ同年三月下旬頃「鬼車」ナル題名ノ工場新聞第一号（昭和四年押第四四六号ノ二二五）ヲ作成シ、右両被告人ト協議ノ上被告人桜庭吉治ヨリ右工場内ノ活動分子タル三浦七兵衛、金子甚太郎ノ両名ニ各一部宛配布シ次テ同月三十一日同府北豊島郡内武蔵野鉄道中村橋駅附近ノ某方ニ於テ右両被告人ト右細胞準備会ヲ開キ工場新聞発行ノ件、同工場ニ働掛ケノ方法党員推薦ノ件其他ヲ協議決定シ之ニ基キ被告人単独ニテ「鬼車」第二号」（同上二二三）約二十部ヲ作成シ同年四月十三日頃ノ夜右工場女工等ニ配付シ以テ同工場ニ対スル党影響ノ浸透、細胞組織ノ促進ニ努メ

第五、
同年三月中旬頃前記東京地方第一地区責任者兼任ヲ命セラレ、爾来同年四月十六日検挙セラルヽ迄ノ間前回同様ノ目的ヲ以テ同地区ノ日本フェルト工場、大日本セルロイド工場、東京理器工場、服部時計製作工場、東京市電駒込、巣鴨両車庫等ヲ目標工場又ハ職場トシテ物色シ夫々情勢調査ヲ為シ細胞組織ノ準備ニ着手シ
第六、
同三年十二月中ヨリ翌四年三月頃迄ノ間東京市内外ニ於テ党員前納善四郎、被告人宮内盛春、同高橋弘寿、同鈴木清、同泉盈之進等ニ夫々入党ヲ勧誘シ
第七、
前記東京市会議員選挙等ノ際被告人阿久津三次、同滝口信三等ヲシテ日本共産党東京地方委員会名義ノ前記ビラ、檄文、伝単等ノ撒布、貼付等ニ従事セシメ同年三月頃東京モスリン紡織株式会社従業員争議勃発スルヤ被告人滝口信三ヲシテ同東京地方委員会名義ノ争議煽動ノ「ポスター」ヲ同会社吾嬬、亀戸両工場ニ貼付セシメ尚赤旗、赤旗パンフレット其他ノ党文書ノ配付、党員印刷所設置、基金募集等広汎ナル党活動ヲ為シ同党ノ目的遂行ニ努力シ

鈴木清
本籍　秋田県平鹿郡旭村塚堀腰百七十四番地
住居　同所
　　職工
　被告人鈴木清ハ山縣高等学校在学中社会科学研究会ヲ組織シテ其指導者トナリ研究ノ結果共産主義ニ共鳴スルニイタリシカ農民組合運動ニ参加セルタメ昭和三年放校セラレテ上京シ東京合同労働組合、日本紡織労働組合ニ各加入シ労働運動従事シ居リシトコロ翌四年三月十一、二日頃東京市下谷区上野駅附近ニ於テ被告人上野謙吉ヨリ勧誘セラレ日本共産党ガ前記ノ如キ秘密結社ナルコトヲ知リナカラ之ヲ承諾シタルモ入党未遂ニ終リシモノナルカ其後同年四月四日頃迄ノ間被告人上野謙吉、同桜庭吉治ト共ニ東京地方第二地区内ノ前記東京モスリン紡織株式会社亀戸工場細胞準備会ヲ組織シ右両被告人ト前掲被告人上野謙吉第四記載ノ如ク工場新聞「鬼車」第一号ノ配付ニ関係シ且同年三月三十一日ノ右準備会々議ニ出席シテ諸般ノ協議ヲ為以テ同党目的遂行々為ヲ為シ

桜庭吉治

本籍　秋田県秋田郡天王村字塩口八十一番地
住居　東京府南葛飾郡吾嬬町小村井五十五番地　桜庭金之吉方
当二十六年

被告人桜庭吉治ハ
小学校準教員ノ資格ヲ得タル後回漕店々員前記東京モスリン紡織株式会亀戸工場職工等ヲ為大正十五年日本紡績労働組合ニ入リ其教育婦人部長トナリ諸般ノ労働運動ニ従事シ予テ共産主義ニ共鳴シ居リシモノナルカ昭和四年二、三月東京市浅草区浅草公園ニ於テ被告人上野謙吉ヨリ勧誘セラレ日本共産党カ前記ノ如キ秘密結社ナルコトヲ知リナカラ之ニ加入シ同被告人及被告人鈴木清ト前記東京モスリン紡織株式会亀戸工場細胞準備会ヲ組織シ右両被告人ト前掲被告人上野謙吉第四ノ一記載ノ如ク工場新聞「鬼車」第一号ノ配付ヲ担当シ且同年三月三十一日ノ右準備会々議ニ出席シ諸般ノ協議ヲ為シ以テ同党ノ目的遂行ニ努メ

高橋弘寿

本籍　東京市本所区向島押上町二百五十四番地
住居　同所
　紡績工

被告人高橋弘寿ハ運送店雇人、モスリン職工ヲ為シ大正十五年中頃日本労働組合同盟吾嬬支部、東京モスリン紡織株式会吾嬬工場従業員組合、東京合同組合青年部等ニ加入シテ労働運動ニ従事シ予テ共産主義ニ共鳴シ居リシトコロ昭和四年三月中旬頃東京市浅草区浅草公園内ニ於テ被告人上野謙吉ヨリ勧誘セラレ日本共産党カ前記ノ如キ秘密結社ナルコトヲ知リナカラ之ヲ承諾シタルモ入党未遂ニ終リ

被告人滝口信三ハ

第二、
　同年三月末頃ヨリ同四月中旬頃迄ノ或夜前記加藤亘及同組合本所支部委員寺田某ト共ニ当時争議勃発中ノ前記東京モスリン紡織株式会吾嬬工場及亀戸工場ノ塀ニ日本共産党東京地方委員会名義ノ該争議煽動ノポスター各四、五枚宛ヲ貼付シ

平塚直喜

本籍　秋田県山本郡鹿渡村字町後二十一番地

住居　同所

紡績職工

当二十七年

被告人平塚直喜カ同年三月三十一日東京府下京成電車江戸川附近ニ於テ被告人上野謙吉ヨリ勧誘セラレテ同党ニ入党シ工場細胞ヲ組織シ細胞会議ヲ開キ諸般ノ党活動ヲ為しシタルトノ応訴事実ニ付テハ公判ニ付スルニ足ルヘキ犯罪ノ嫌疑ナキヲ以テ免訴

昭和六年五月二十日　東京地方裁判所　予審判事　秋山高彦

喜美は、四・一六で、男性の党員、同盟員が根こそぎ検挙された直後の五月に一七歳五カ月で日本共産党に入党し、間もなく細胞長となりました。

(八―七) 喜美、亀戸工場細胞長となる

四・一六事件で検挙をまぬがれた、阿部義美が京モス亀戸工場細胞を指導しました。阿部について、「また今東京地方にいる阿部義美君などは、ポスターを貼り終えて、それに見とれて眺めていたところ亀戸署員に捉まり、二十日間の拘留を食ったというようなエピソードも残っている」と伊藤憲一は書いています。

阿部さんの話によると、この細胞は昼夜二交替勤務だったので二つの班にわかれており、十四、五名の党員がいました。飯島さんは細胞長でした。細胞では『羊の毛』という細胞新聞を発行していました。飯島さんは、その記事をみんなで分担して書くように、ねばり強く努力していました。(『不屈の青春』四四ページ)

細胞新聞の名前を『羊の毛』としたのは、羊毛からモスリンを製造する吾嬬工場への働きかけを意図していたからだと思われます。この当時大工場の細胞長を務めた女性は、喜美が一人だけだったように思われます。喜美は大工場の女性細胞長第一号だった思っています。

喜美は、

昭和二年二月中ヨリ東京モスリン紡織株式會社龜戸工場ノ女工ト為リタルカ、右女工ト為ルニ及ヒ櫻庭吉次、大和庄祐、伊藤憲一等ノ影響ヲ受ケテ労働運動ニ對スル關心ヲ懐キ、全国労働組合同盟亀戸支部内革命的反對派ニ加入シ更ニ昭和四年八月頃ヨリ全協江東地區オルグ某ノ指導下ニ全協京モス龜戸工場分會ヲ組織シ其責任者ト為リ鋭意同分會ノ組織ノ擴大ニ努力スル中漸次共産主義ヲ信奉スルニ至リ　「予審終結報告」

「飯島喜美（変名、永井）
入露前ノ地位乃至活動　昭二、三年頃ヨリ京モス女工、日本労働組合同盟内革命的反対派、全協紡績委員会等ニ属ス「日本共産党関係入露者調（昭和十一年十二月末日現在）」『思想月報』（三三号）

紺野与次郎は、亀戸工場における喜美の活動について次のように書いています。（『アカハタ』一九七三年三月一五日）

本所の柳島からあまり遠くない区画整理された町中の民家の二階で、はじめて飯島きみさんと会いました。それは三・一五事件のあった翌年一九二九年の秋ごろでした。私たちは非合法の党員として、おたがいに名前も知りませんでした。私と森田君が借りていた二階のふた間の一つを、吾嬬町の東京モスリンの細胞会議にかしたのです。私がそこに帰ってきたとき、ふすまがあいて、彼女ともう一人の女工さんにあいさつしました。彼女はぽっちりした黒いひとみといろ白のしまった顔に、はちきれてふきでてくるような笑い声で何かいいました。

三三年も前のほのぐらい非合法活動のおもい出に、はっきりと私の印象をのこしているほど、飯島きみさんは、精神力の活ぱつな、率直な、美しい革命的な紡績の婦人労働者でした。

前年の三・一五とその年の四・一六事件で、多くの著名な指導者や党員がたいほされたあと、党は非合法的に、細胞組織として、生きつづけ、たたかいつづけ、工場や市電やバスで地下細胞に、若い婦人労働者がおそれを知らず結集してきました。それらの多くの婦人労働者の党員の一つの典型が飯島きみさんです。

さらに紺野与次郎は、日本共産党四十五周年を記念して、『アカハタ』（一九六七年七月十九日）に喜美さんのことを載せています。

一九二九年の四・一六の弾圧の直後、東京・吾嬬町にあった東京モスリンという紡績工場の婦人労働者として働くなかで入党し、非合法の困難な状況のもとで細胞をつくり、また労働組合のなかでよく活動しました。

彼女の働いていた東京モスリンという工場の組合は「組合同盟」という中間系の組織にはいっていて組合員の選挙も役付が多く出ているような組合でした。このなかに〝革命的反対派〟という組織があり、飯島さんはこの組織の一員として活動していました。そして柳島から亀戸に至る工場地帯に党の影響力を広げるために奮闘しました。このとき伊藤憲一同志（現東京・大田区議）も飯島さんといっしょに活動したことがありました。

このころ、資本主義世界は深刻な経済恐慌におそわれ、日本でも経済恐慌は全工業に波及し、失業者は二百五十万人にものぼり、一九二九年から一九三〇年にかけて東京市電と市バスの昇給停止に反対するストライキ鐘紡や東洋モスリン（東京モスリンの隣にあった）などの紡績労働者にたいする賃下げ、操短などにたいするたたかいが大きく発展しはじめました。このなかで飯島さんは、たたかわない組合役員をつきあげながら、〝羊の毛〟（羊毛はモスリンの原料）という工場新聞を発行して戦闘的にたたかいました。

喜美は一九三〇年四月、プロフィンテルン第五回大会に参加するため、ロシアに渡航しました。その後、だれが亀戸工場細胞長を務めか、知られていません。しかし、「昭和三年以降昭和九年治安維持法違反に因り起訴せられたる婦人に関する調査（昭和九年九月三十日現在）『思想月報』第五号、昭和六年［東京ノ部］に「森元ヤエ　22　女工　尋小卒　東京モスリン会社内「無青」配布責任者　昭和十二年六月　懲役四年、三〇〇日通算」と記載されています。また、「特高月報」に、「一九三一年十一月十二日逮捕、同年十二月九日起訴、日本共産党東京モスリン会社内グループ、昭和十二年六月東京地裁デ懲役四年ノ実刑判決」とあります。

伊藤憲一は、「無名戦士の墓に」（『前衛』一三八号）のなかで、森元ヤエについてつぎのように、回想しています。

> 飯島君とともにぜひかいておきたいのは、森元八重君である。森元君は私たちが京モスを首になり、検挙されたのち京モスに入り、一九三一年党員として工場から検挙され、三年（四年の誤り）の実刑をうけて私より少し早く出獄していた。
>
> 昭和六年には、森元八重という女工が、検挙された。懲役三年ぐらいを務め上げた後、喫茶店の女給などをしていたが、結婚後その行方は分からない。前後して獄に投ぜられたものだけでも七人、拘留された者の数は数十人に及んでいるはずである。（『牢獄の青春』六九ページ）。

（八―八）金町工場のストライキ

『大東紡50年』（五三〇ページ）に、一九三〇年一月の金町工場のストライキのとき、喜美と同じように、ストライキを指導した女工が、募集人に連れられて、工場から追い出された記録が載っています。喜美が追い出されなかったのは、亀戸工場の労働者の組織の力が、強かったからだと思われます。金町工場のストライキに関する記事を抄録します。

一月二十四日

従業員代表として二一名深夜業廃止に依る昇給問題外八項目に付工場長の意見聴取したき旨を以って面会を求む。依って森事務長、森田、佐藤主任立会の上宇野工場長と懇談せり。

一月二十七日

二十四日、従業員代表（傭員を含む）より申出の昇給問題外八項目に対し宇野工場長は森事務長藤田佐藤両主任立会の上前記代表に会見各項目に付説明を与えたるにも不拘明二十八日営業所（日本橋蠣殻町：社長・重役などがいる実質的な本社機能をもっている）へ出頭する様子を探知せる為事務長及び両主任は夜を徹し軽挙に出ずるを制止し充分反省を促し工場にて懇談理解せしむる様努めたり、一方作業は午後八時食事後より多少怠業気分となりたるも終業後は異状なかりき。

一月二十八日

前日の制止をも顧みず代表者は営業所へ出頭重役に面会を求め、結局稲葉課長外数氏と会見せり。

一月二十九日

従業員代表八名を以って深夜業廃止に依る昇給問題の八項目を正式に嘆願書として提出せしを以って宇野工場長は事務長及び両主任立会の上会見し交渉中営業所より稲葉、野々村両氏の来援を得て翌午前一時十五分解決せり。

但し後番作業は午後八時食事後より殆ど怠業し交渉を有利に導く手段として一部分隊伍を作り事務所近くへ押し寄せ喊声を上げ労働歌を高唱せしも終業後は平穏となれり。

中村常務は事態を憂慮し来場され傭工員代表を集めて誠意ある訓示を与え慰撫せられたり。

一月三十日

寄女林東子夕食時食堂に於いて突然立ちて、無許可にて今回の昇給の件貫徹せざりしに付、虚偽なる演説を始め、人心を動乱せしめ、以って作業場に乱入せんとせし故、之を阻止し、同女を取り調べたるに、主義者の嫌疑あり、亀有署に通知し警視庁と協議せしも現証なき為拘引されず、取敢えず工員就業規則により出勤停止を命じ、同女は予て注意人物として取調べ、召集中の募集人に引渡し帰国せしむ。

東京モスリンと大東紡の記録の中に、治安維持法違反事件の、桜庭吉治、鈴木清、大和庄佑、伊藤憲一、飯島喜美、森元ヤエ、その他多くの検挙者や検束された者に関するものは全く見当たりません。意識的に秘匿されたのだろうと思はれます。

こうしたなかで、金町工場の、林東子さんの記録が、筆者の発見した唯一のものです。

（八—九）発見された亀戸工場のビラ

伊藤憲一の公判が開始されるので、傍聴に参加を呼び掛けるビラが党史資料室に所蔵されています。東京モスリンの工場新聞『鬼車』、細胞新聞『羊の毛』や、ストライキを訴えるビラやポスターは、この一枚のビラ以外一枚も発見されていません。南葛の労働運動の中心的役割を果たした、京モス犠牲者救援会の発行したビラを最後に紹介して、この章をとじることとします。

十一月二日　から・オレタチのケンちゃん

伊藤憲一君《イトーケンイチクン》の公判だ！
裁判所《サイバンシヨ》へおしかけよう！

京モス亀戸工場ノミナサン

先ダッテ、日本共産党《ニホンキヨーサントー》ノ人達《ヒトタチ》ガ、無期《ムキ》ト、ミンナデ一千年カラノ懲役《チヨーエキ》ヲ、資本家地主《シホンカヂヌシ》ノ手先、宮城裁判長《ミヤギサイバンチヨー》カラ云《イ》ヒ渡（ワタ）サレタノヲヨク知《シ》ツテイルデセウ。

コノ中三人ハ、オレタチノ工場《コーバ》カラ、桜庭君《サクラバクン》ガ三年半、大和君《ヤマトクン》ガ三年、鈴木君《ス、キクン》ガ二年半トイフベラボーニ長イ刑《ケイ》ヲ加《クハ》ヘラレテヰル。

コノ人達ハ、賃銀値下《チンギンネサゲ》ヤ、首切《クビキ》リニ反対《ハンタイ》シミンナノ先頭《セントー》ニタツテ、勇敢《ユーカン》ニ會社《カイシヤ》トタヽカツテキタノダ。ソレダケニ二年モ三年モ、懲役《チヨーエキ》ヲウケナケレバナラナイトイフ罪《ツミ》ハドコニアルノダラウ。

コノ二日カラ、今度《コンド》ハ伊藤憲一君《イトーケンイチクン》ノ公判《コーハン》ダ。

伊藤《イトー》・桜庭《サクラバ》・大和《ヤマト》・鈴木君《スズキクン》ノ懲役反対《チヨーエキハンタイ》！

憲チャンハ、アノ時《トキ》十九サイハンダツタ。年コソ若《ワカ》カツタガ、小サイ闘士《トーシ》トシテ演説《エンゼツ》ニ、組織《ソシキ》ニ、アノ昭和三年ノ、、、、ストライキノ時ニ、リスノ様《ヨー》ニヨク働《ハタラ》イテクレタ。ソノ伊藤憲《イトーケン》チャンガ、モウ四年トイフ長イ月日、暗《クラ》イ市ヶ谷《イチガヤ》ノ刑務所《ケイムシヨ》ヘタヽキ込マレテヰル。

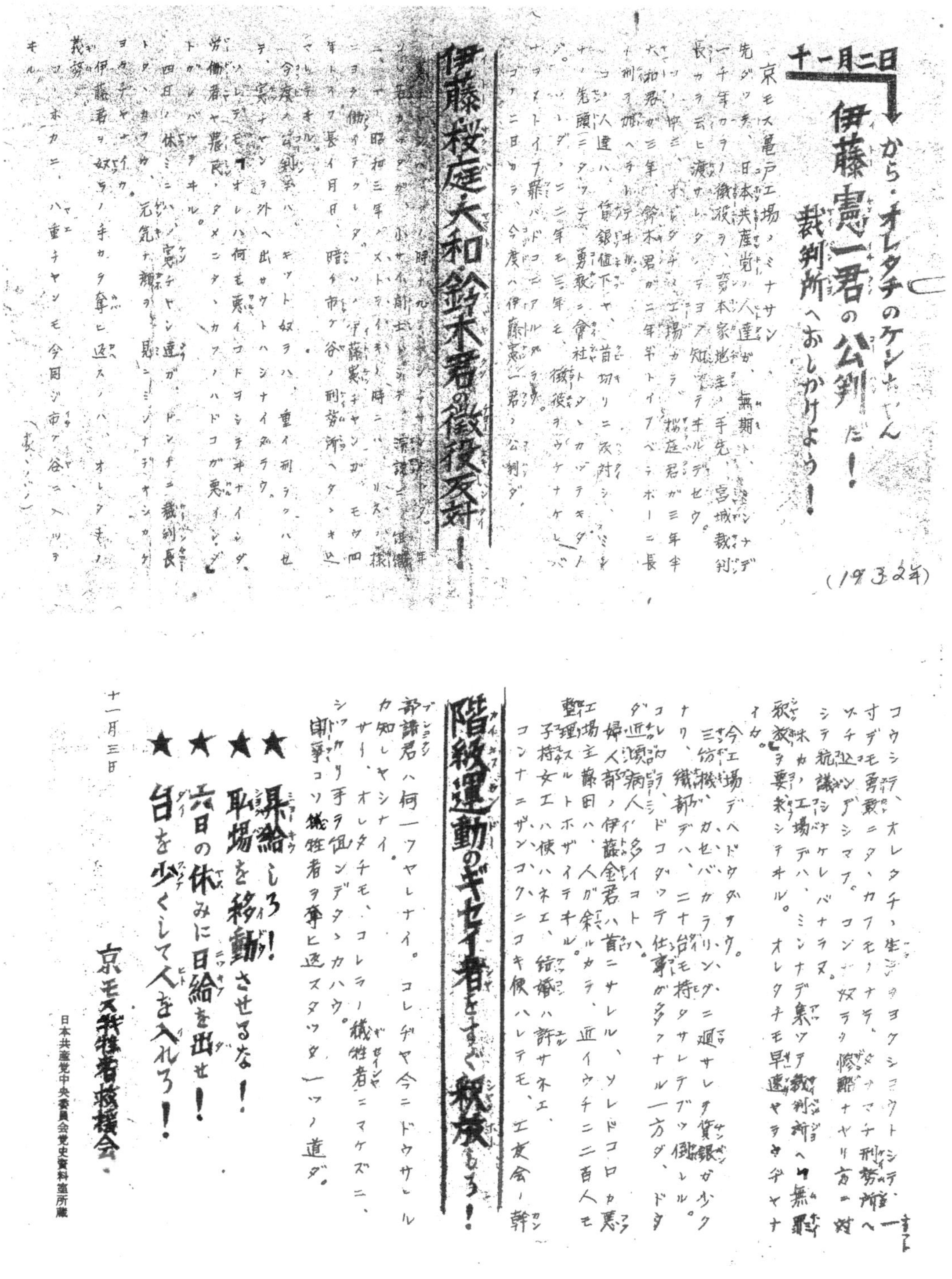

十一月二日
から・オレタチのケンちゃん
伊藤憲一君の公判だ！
裁判所へおしかけよう！

（1932年）

京モス亀戸工場ノミナサン
先ダッテ、日本共産党ノ人達ガ、無期ト、一千年カラノ懲役ヲ、資本家地主ノ手先、宮城裁判長カラ云ヒ渡サレタコトヲ知ッテヰルデセウ。

サテコノ中ニオレタチノ工場カラ桜庭君ガ三年半、大和君ガ三年、鈴木君ガ二年半トイフベラボーニ長イ刑ヲ加ヘラレテヰル。

コノ人達ハ、賃銀値下ヤ、首切リニ反対シ、スミノ先頭ニタッテ、勇敢ニ会社トタヽカッテキタノダ。ソレダノニ二年モ三年モ、懲役ニウケナケレバナラヌトイフ罪ハドコニアルダラウ。

ナホ来ル二日カラ、今度ハ伊藤憲一君ノ公判ダ。


伊藤桜庭大和鈴木君の懲役反対！

[illegible]
ニ、昭和三年ノストライキノ時ニハ、[illegible]
ニヨク働イテクレタ。ソノ伊藤憲チャンガモウ四年トイフ長イ月日、暗イ市ケ谷ノ刑務所ヘタヽキ込マレテヰル。

今度ノ裁判ハ、キット奴ラハ、重イ刑ヲクハセテ、実ナンテ外ヘ出サウトハシナイダラウ。

ソレデモオレハ何モ悪イコトヲシテヰナイノダ。労働者ヤ農民ノタメニタヽカフノハドコガ悪イノダ。

[illegible]

四日ノ休ミニ公判ヘ押シカケ、ドンチニ裁判長トタヽカフ元気ナ顔ヲ見セテヤラウ
ヂヤナイカ。

伊藤君ヲ奴ラノ手カラ奪ヒ返スノハ、オレタチノ義務デアル。

ホカニ、八重チャンモ今同ジ市ケ谷ニ入ッテヰル。


コウシテ、オレタチ、生ジョウヨクシユウトシテ、一寸デモ勇敢ニタヽカフモノナラ、刑務所ヘブチ込マズニハオカナイ。コンナ奴ラノ惨酷ナヤリ方ニ対シテ抗議シナケレバナラヌ。

ミンナデ集ッテ裁判所ヘ無罪釈放ヲ要求シテヰル。オレタチモ早速ヤラネバナラナイカ。


今工場デハドウダラウ。

三ツ紡織機ガカセバカラ二十台モ持タサレテ賃銀ガ少クナリ、織部デハ、二十台ヲ持タサレテブッ倒レル。

コレガ所謂ビラ、ドコダッテ仕事ガ多クナル一方ダ。

近頃病人ノ多イコト。

婦人部ノ伊藤金君ハ首ニサレル、ソレドコロカ悪イ。

工場主藤田ハ、人ガ余ルカラ、近イウチニ二百人モ整理スルトホザイテヰル。

子持女工ハ使ハネエ、結婚ハ許サネエ、
コンナニザンコクニコキ使ハレテモ、工友会ノ幹部諸君ハ何一ツヤレナイ。コレヂヤ今ニドウサレルカ知レヤシナイ。

サー、オレタチモ、コレラノ犠牲者ニマケズニ、シッカリ手ヲ組ンデタヽカハウ。

闘争コソ犠牲者ヲ奪ヒ返スタッタ一ツノ道ダ。


階級運動のギセイ者をすぐ釈放しろ！

★★★★
昇給しろ！

職場を移動させるな！

六日の休みに日給を出せ！

台を少くして人を入れろ！

十一月三日
京モス犠牲者救援会

日本共産党中央委員会党史資料室所蔵

▲　京モス犠牲者救援会のビラ（党史資料室所蔵）

今度《コンド》ノ公判《コーハン》デハ、キット奴《ヤツ》ラハ、重イ刑ヲクハセテ、憲《ケン》チャンヲ外へ出サウトハシナイダラウ。

ソレデモ『オレハ何モ悪《ワル》イコトヲシテヰナインダ、労働者《ロードーシャ》ヤ農民《ノーミン》ノタメニタヽカフノハドコガ悪《ワル》インダ』トガンバッテヰル。

四日ノ休《ヤス》ミニハ、憲《ケン》チャン達《タチ》ガ、ドンナニ裁判長《サイバンチヨー》トタヽカフカ、元気《ゲンキ》ナ顔《カオ》ヲ、見《ミ》ニミンナデオシカケヨウジャナイカ。

伊藤君ヲ奴《ヤツ》ラノ手カラ奪《ウバ》ヒ返《カヘ》スノは、オレタチノ義務《ギム》ダ。

コノホカニ、八重《ヤエ》チャンモ今同ジ市ケ谷《イチガヤ》ニ入ツテヰル。


（裏へツヅク）


コウシテ。オレタチノ生活《クラシ》ヲヨクシヨウトシテ、一寸《チヨツト》デモ勇敢《ユーカン》ニタヽカフモノナラ、タチマチ刑務所《ケイムシヨ》ヘブチ込《コ》ンデシマフ。コンナ奴ラノ残酷《ザンコク》ナヤリ方ニ対シテ抗議《コーギ》シナケレバナラヌ。

ホカノ工場デハ、ミンナデ集ツテ裁判所へ『無罪釈放』ヲ要求シテヰル。オレタチモ早速ヤラウジャナイカ。

今工場デハドウダラウ。

三紡機、カセバカラリングニ廻サレテ賃銀ガ少クナリ、織部デハ、二十台モ持タサレテブッ倒レル。コレカラ、ドコダツテ仕事ガ多クナル一方ダ、ドウダ近頃病人ノ多コトハ。

婦人部《フジンブ》ノ伊藤金君《イトーキンクン》ハ首《クビ》ニサレル、ソレドコロカ悪工場主藤田ハ、人ガ余ルカラ、近イウチニ二百人モ整理スルトホザイテヰル。

子持《コモチ》女工ハ使ハネエ、結婚《ケツコン》ハ許《ユル》サネエ
コンナニザンコクニコキ使ハレテモ、工友会ノ幹部諸君《カンブシヨクン》ハ何一ツヤレナイ。


階級運動《カイキフウンドー》のギセイ者《シャ》をすぐ釈放《シャクホー》しろ！


コレジャ今ニドウサレルカ知レヤシナイ。

サー、オレタチモ、コレラノ犠牲者ニマケズニ、シッカリ手ヲ組ンデタヽカハウ。

闘争《トーソー》コソ犠牲者ヲ奪ヒ返スタツタ一ツノ道ダ。

★昇給《シヨーキウ》しろ！
★職場《シヨクバ》を移動《イドウ》させるな！
★六日の休《ヤス》みに日給《ニツキフ》を出《ダ》せ！
★台《ダイ》を少《スク》なくして人を入《イ》れろ！

京モス犠牲者救援会
（一九三二年）十一月三日

Ⅲ. プロフィンテルン代表・中央婦人部の時代

昭和五年九月二十七日　　無産青年　　第四十號　（五）

大會に闘ふ日本代表
プロフィンテルンの旗の下に
全協の再建に進め

國際赤色勞働組合第五回大會は終了した、我々は今その決議と討論を受け取りつゝある日本代表は一名の婦人代表を交へて第四回大會以後の日本勞働組合協議會の闘爭を報告し、全世界の革命的勞働者代表と共に批判と方針の樹立のために活潑に闘つた。

我々未だ第二回國際青年會議と第一回國際婦人勞働者會議並に日本問題委員會の成果を受け取つてゐない。

全日本の青年同志諸君

幾多のストライキの指導權を握り、眞に革命的勞働者の精一杯の闘爭力を發輝させるために俺達たちは、第四回大會の成果を攝取しなくてはならぬ。ましてや全協破壞に依つて再建を托くせられてゐる我々だ。

無産青年社編輯部は、ソヴエート同盟共産黨中央機關紙、プラウ、ダ（眞理）に所載せる、日本代表の報告演說を入手したのだけ略載する。

階級的裏切り者の好見本、事實上全協を支配階級に賣渡さんとする刷新同盟は札付きの解黨主義者南巖をモスコーに派遣した大會に集る代表は彼奴を斷乎としてたゝきのめしこの極惡の指導者を排撃してゐる。

★全協刷新同盟を撲滅しろ！

★全協並全協青年部婦人部を再建確立しろ！

★プロフィンテルン第五回大會萬歲！

プロフィンテルン（國際赤色勞働組合）第五回大會は八月十五日より開催された。この寫眞は各國の代表がモスコーの赤色勞働組合會館で闘爭の經驗を報告し合つてゐるところだ。プロフィンテルンを守れ！

同志金子の報告演說（要旨）

日本に於ける經濟恐慌は既に一九二九年に始まり、そして、それが最近に至つて高まつたのは、世界經濟恐慌支那に於ける銀塊相場の暴落印度に於ける關稅率の引上げの結果によるものである。激化しつゝある經濟恐慌から脫却するために、日本のブルジョアジーは必死となつて、新たなる帝國主義戰爭を準備しそして、武力による支那、朝鮮及び臺灣に於ける革命運動を鎭壓せんとしてゐる。國內に於ては、經濟恐慌並びにそれに相關聯して實施されんとしてゐる資本主義的合理化のあらゆる重荷をブルジョアジーは勞働者の肩に轉嫁せんとしてゐる。勞働者階級の生活水準に對する資本家の攻擊は勞働者の大衆的解雇、賃銀切下、勞働時間の延長、勞働强化等々の中に現はれてゐる。

工業恐慌は、都市及び農村に於ける階級闘爭の激化を惹き起し、更に益々日本帝國主義の矛盾を深めた。

政府はプロレタリアートの闘爭を彈壓する爲めに一系列の法律を制定した。一九二八年四月十日には革命的勞働組合中央部評議會が解散された、それ以來日本の勞働組合運動は、政府の側からの絕えざる迫害と酷烈な彈壓にも拘らず、合法性を獲得するために戰ひつゝある。

革命的組織の迫害

並びに資本主義的合理化の實行に於て、ブルジョアジー並びに政府へ積極的援助を社會民主々義者及び改良主義的勞働組合官僚の頽觸れの中に見出しつゝある。最近の二ケ年半に亘つて改良主義的勞働組合は若干增加した。然しながら、それは斷じて彼等の勝利を示すものではない。何となれば、それ等勞働組合內にある組合員大衆は、益々頻繁に彼等の裏切り幹部の意志に逆つて、自らの利益のための闘爭に向つて進出しつゝあるからである。

「左翼」社會民主主義者に關して云ふならば、彼等は外面的には民主主義的組合に反對して立つてゐるが、事實はプロレタリアートにとつて、より危險な敵となつてゐる。日本に於ては左翼勞働組合を組織する必要はないといふ理論をひろめつゝ彼等はストライキを次々に裏切りつゝある大衆の闘爭氣分を抑壓しつゝある。

日本に於ける革命的勞働機關は、未だなほ十分に連續的に經濟闘爭の獨自的指導のスローガンを實行に移し、勞働者大衆の日常活動を指導することが出來ず、必ずしも常に統一戰線戰術を適用してはゐないのである。最近彼等は多くの右翼的、日和見主義的並び左翼的誤謬を犯したのである。

日本に於ける革命的勞働組合運動にとつての最も重要なる任務は次の點に歸せられる。即ち、勞働者階級の多數者を獲得すること、日常要求のため進出の基礎の上に大衆を闘爭に動員すること、未組織者の組織、就業者失業者等の共同活動に基づく失業反對闘爭、婦人、青年並びに日本內地に働く植民地勞働者間に於ける活動の强化、革命的勞働運動幹部の養成等々、それである。

ただ改良主義的勞働組合官僚、並びに社會ファシストに對する容赦なき闘爭、わが陣列內に於ける右翼日和見主義並びに宗派的傾向に對する無ジヒな闘爭によつてのみ、日本の革命的勞働組合運動は國際赤色勞働組合の指導方針を實現し、自らの陣列を擴大し强化し得るのである

日本婦人代表の演說（要旨）

日本の勞働婦人の組織は未だ非常に微弱で大衆をもつてゐない、黃色勞働組合（總同盟組合同盟等）にはみんなで二萬餘の勞働婦人が組織されてゐる。この微弱な組織力は資本家に容易にムゴイ搾取をほしいまゝにさせてゐる。纖維工業では八〇％即ち八十萬人に上り主として若年の婦人である、これらの婦人勞働者の賃銀は非常に低く男子勞働者の賃銀の半分である。婦人纖維勞働者の多くは「生きた商品」を買ひ集める樣な方法で農村から集められて居り。從つて彼女等はなくてならぬ樣な用具すら備へてない工場附屬の寄宿舍に住居し、牢獄の樣な生活を强いられてゐる、おまけに彼女等の一日の行動は一々嚴重に監視されてゐるのだ。

吾々の任務はそれらの大衆の活動を指導して正しい方向へ導くことにある、今まで日本の左翼勞働組合（全國協議會）はその任務を輕視してゐた、革命的な婦人勞働者はその指導下に統一することについては何もやらなかつたと云つてい、、それ故に左翼組合（全國協議會）は一九三〇年の纖維工場のストライキ（鐘紡、岸和田、日の出、東洋モス、東京モス等々）の指導權を握ることが出來なかつたのである。この任務を實行するためには、工場內の婦人勞働者の中から組織者及び指導者を養成しなければならない。

結論として、私は日本の勞働運動のために國際的連帶の持に重要であることを强調したい、

アルベール、トーマを代表とする國際改良主義者は日本プロレタリアートに對する影響を强めるために、日本に浸入しやうと試みつゝあるのだ。

革命的國際勞働運動はこの方面に於いては未だ殆んだ何事もやつてゐない。

私はすべての同志に向つて日本の若い革命的運動に對して思想的、組織的援助を與へてくれる樣に呼びかけるものである。

（プロフィンテルン第五回大會席上）

同志片山潛の報告演說（要旨）

私は、日本に於ける革命的勞働運動の弱點に就て述べるに止めるであらう。一九二八年に左翼勞働組合は政府によつと解散され共產黨もまた禁止された、それ以來勞働組合は、なほ十分の程度に於ては自己の活動を再組織しなかつた。それらは一聯の弱點を暴露しつゝある。それらの中最も重要なのは、工場內に於ける强固なる支柱の欠除、勞働組合の數的に徵弱なることストライキ準備の拙なさ、並びに國際的連帶性の欠除、これである　然しながら勞働組合が左翼的及び右翼的偏向を克服して、目下、既に勞働者階級の闘爭を指導しつゝある事實はその大なる成果であると認めねばならない。

日本の勞働組合をも含む太平洋勞働組合書記局の最も重要なる使命は、戰爭の危險に對する闘爭である。太平洋に於てはサヴエート同盟に對して戰爭が準備されつゝあり。また支那に對する帝國主義者の侵略が準備されつゝある。この戰爭を妨害するために、我には重工業、主として金屬及び化學運輸勞働者の工場內に於ける積極的活動を導かねばならない。

そのために我々は勞働者階級獲得に全勢力を集中すべきである

これはプロフィンテルンの古い指導者、ロシヤ共產黨の古い黨員同志ロゾフスキーの第五回大會での演說の姿だ、組合の闘爭戰術を各國の代表の前にジュン〳〵と敎へてゐるところだ。

◀プロフィンテルン第5回大会の模様を伝える『無産青年』第40号（日本共産青年同盟機関紙・1930年9月27日号・太枠内喜美発言要旨）

(三―一)　第五回プロフィンテルン大会で活躍した喜美

喜美は、モスクワで一九三〇年八月十五日から開催されるプロフィンテルン第五回大会に、日本労働組合協議会の紡績女性労働者の代表として参加するため、会社をやめ、同年四月、モスクワに向け旅立ちました。非公然の旅だったので、工場の友人たちになにも告げることなく、旅立ったといわれています。

プロフィンテルンは、労働組合国際連合の略称で、国際赤色労働組合ともいいます。一九二一年七月モスクワに召集された各国代表によって創立されました。一九三八年二月、労働組合運動国際的統一のため解散しました。国領五一郎が参加した、二八年三月の第四回大会で、日本労働組合総評議会（評議会）が加盟しました。しかし、二八年三月の弾圧で評議会が解散させられたのち、日本労働組合全国協議会（全協）が、プロフィンテルンの指導のもと、活動しました。

全協は、プロフィンテルン第五回大会に代表派遣をするために、全国の革命的労働者に次のアピールを発しました。

全工場の革命的労働者諸君！

俺達革命的労働者が正しい戦術を以て闘ふためには、現在資本主義や国際改良主義がどんな段階にあるか、又労働者運動の左翼がどんな段階にあるかを明らかにし、俺達のソシキの誤謬や欠点をはつきり知つて、それをのぞくために努力するときに、俺達は正しく強く闘ふことが出来るんだ。俺達の日本労働組合協議会の国際的指導者プロフィンタン（国際労働組合）は常に革命的労働者に正しい情勢の見方と方針とを与えて来た。（一九二六年三月の中央協議第四回会議は重要な行動綱領と組織方針とを与えて呉れた）。労働組合の集中化及びそれを産業別に転化するための闘争、労働者民主主義のキソに立つゲンカクな中央集権主義の原則に従って再組織する問題等は実に四年前に組織方針として革命的労働者に与えられたものなのだ。だが日本では昨年末に漸く実際に手をつけ始めた位じゃないか。これは勿論国によって具体的な情勢がちがふのと俺達の組織にかなり欠陥があったためなんだ。

又一九二八年三月に開かれたプロフィンタン第四回大会は資本主義の新しい不安定と資本主義諸国間の対立、帝国主義戦争の危機、資本主義的産業合理化、白色テロル、改良主義者共に対する闘争及び赤色労働組合の欠点とこれからの指導方針とを正しく教えて呉れた。日本労働組合協議会もプロフィンタンの指導の下に野蛮極まる白色テロルをケトバして血まみれの闘争をつづけてきたが、確かに闘争を充分指導できなかった。それには俺達の組織の多くの誤謬と欠点とがあげられると思ふ。

全工場の革命的労働者諸君！

日本資本主義の野蛮極まる打続く弾圧によって協議会の組織はいくどか破カイされてきた。だがこんなもので俺達がへこたれてたまるものか、昨年十月の再建カンパニア以来協議会は大工場に根をおろし、革命化しつつある未組織大衆を左翼に吸収してきた。又社会民主主義組合内の反対派（刷新会）も協議会に加入し、労働者の唯一の味方は日本××党指導下にある協議会だけであることを以て教へて来たんだ。組織、未組織大衆の急激な××化と失業者のボウ大な数は協議会の強大なる力を要求している。消極的防衛の代りに積極的逆襲、デモの代りに××した××となつて資本家地主に復讐している今日、赤色労働組合の大衆化とボルシェヴィキ化は緊急な任務だ。現在協議会は決して充分な闘争をやることも出来ないし又組織も真にボルシェヴィキ化されていない事は俺達もはっきり認める。だからこそ俺達はこの組織の誤謬と欠点をのぞくために絶えず決死的闘争をつづけてきているんだ。

近づけるプロフィンタン第五回大会は切迫せる帝国主義戦争の危機を前にして俺達労働者階級に対する資本の攻撃、白色テロルの一層の凶暴化、国際改良主義の反動化に対し、赤色労働組合の組織方針と行動綱領にたいして正しい指導をあたえてくれるだろう。左に大会の議案をかかげる。

一　執行局の報告と革命的国際労働組合運動の任務。国際労働組合の婦人委員会、プロフィンタン青年書記局及びネグロ労働者国際員会の副報告。

二　新帝国主義戦争の危険性との闘争。

三　サヴェート同盟の社会主義的建設に於る労働組合の任務。

四　植民地、半植民地に於る労働組合の任務。

五　革命的労働組合運動の任務の問題。

六　選挙。

俺達日本の革命的労働者は万国のプロレタリアートと固く腕を組んで俺達の日の来るまで戦いぬこう。

俺達の代表は労働者の手でおくれ！

即時全国の工場職場に代表派遣の寄金を集めろ！

★プロフィンタン第五回大会に俺達の代表を送れ！

★帝国主義戦争絶対反対！
★戦争準備の産業合理化絶対反対！
★武装せるデモ・×力で逆襲しろ！
★資本家地主の政府を××せ！
★労働者農民の政府を××せよ！
★日本×××をまもれ！
★プロフィンタン第五回大会万歳！
★日本労働組合全国協議会の旗の下に！

一九三〇年五月一七日
日本労働組合全国協議会
（『現代史資料（15）』による）

プロフィンテルン第五回大会に代表団長として出席した紺野与次郎の「〈遺稿〉嵐のなかの青春——プロフィンテルン第五回大会に参加して——」（『前衛』一九七九年一月号）から抄録することにします。

日本の代表団は、ばらばらに、時間的にもちがってモスコウに到着して顔を合わせた。

まもなく日本代表団が一まとめに住む二階建ての白い家に移った。庭があってそう高くないレンガの塀をめぐらしている一かくであった。ここには中国代表団も一緒に住んだ。ここで代表団は会合をし、討論をし、報告の作成に苦労した。

私たちはここで改めて日本の労働運動について、プロフィンテルンやコミンテルンにきている資料や自分たちの活動の知識を総括して、考え、討議し、書くという非常に困難な仕事にとりくみはじめた。

代表団員、通訳たちのプロフィル

この活動を、山本懸蔵同志が直接指導してくれて、日本からきた若い同志たちが熱心に集団的にすすめていった。片山潜同志が、この私たちの中間的報告やまとめたものをみてくれた。

ここで日本代表団のかおぶれをみると、

団長　紺野与次郎　東京地方委員
団員　大井　昌　深川鉄工所労働者
〃　白川　芳松　船員
〃　「本田」（ペンネーム）船員
〃　飯塚　博　東京ガス電機労働者
〃　飯島　喜美　東京モスリン亀戸工場労働者
〃　児玉　静子　党活動家、元三田土ゴム
通訳　蔵原　惟人

以上が日本から来た代表で、ソ連在住者から次の代表が参加した。

山本懸蔵　プロフィンテルンの日本部代表

通訳　風間丈吉　同日本本部員

注：筆者の調査では、特高は、喜美が帰国する前に、代表団の全容を把握していました。

一九三一年六月北海道庁作成の文書「道ニ於ケル左翼労働組合運動沿革史」は、代表団について次のように記載しています。「此間党指導部ノ指令ニ従ヒ同年八月十五日ヨリ三十日ニ亘リテ莫斯科ニテ開催セラレタルプロフィンテルン第五回大会派遣代表トシテ

首席代表　全協代表　金子事　紺野与次郎

金属産業代表　吉川事　大井　昌

紡績産業代表　富田事　飯島喜美（女）

化学産業代表　宮田事　児玉トシ

海員代表　清住　某　変名カシ

〃　本田　某

青年代表　飯塚　博

通訳者　竹内事　蔵原惟人

等ヲ選定同人等ハ夫々七月中ニ相前後シテ出発シタリ

日本から婦人代表が二人いったことは、はじめてで、しかも紡績女工が工場から直接出てきたというので飯島喜美同志は山懸が大へん大事にし、彼女の指導に力を入れた。彼女はぐんぐん成長していった。

児玉静子は非合法時代の党の常任活動家で、目だたない犠牲的活動をつづけてきた小柄な婦人で、あまり政治的意見はいわず、「なぜ日本人は、モスコウにきても、男と女の人は手をつないだり、腕を組んだりしないでしょうね」といって、代表団の日本人の私たちが、モスコウの街や公園を歩くのにも男女が離れてあるくことに不満をのべた。

日本代表団は、おたがいにみんな本名は知らなかった。新しいペンネームをつくって、私は金子という名でずっと通した。

山懸は日本からはじめて行った紡績の婦人労働者飯島喜美を心から歓迎し、よろこび、いわば階級的に可愛がった。そして彼女の報告や、大会での演説原稿づくりを真剣に指導した。

私たちは、世界経済危機の中にある日本でのそのあらわれと労働者の闘争について、その自然発生的な経済ストラ

イキとわれわれの活動、成果と欠陥についてまとめ、大会での報告原稿をつくった。私は、金子の名で、大会で報告演説をした。飯島喜美同志もおこなった。

私は日本語で演説をしたが、原稿はロシア語やその他の外国語で翻訳されて配られており、演壇の下で同時通訳がおこなわれた。

大会は、世界情勢の大きな転換点に立って、世界各国の労働運動に、世界恐慌の下での労働運動の積極的な戦術と任務、帝国主義戦争の迫りくる危険にたいする正しい闘争の立場と方針を決めて、その意味で歴史的成果をおさめて終わった。この大会の翌年、まる一年ののち一九三一年九月十八日に日本帝国主義が中国侵略戦争を開始し、第二次世界大戦の口火が実際上切られたこと、そして、この帝国主義戦争にわれわれが正しく反対してたたかいに立ち上がったことを合わせてみるならば、このプロフィンテルン第五回大会の意義は、歴史的に重要な意義あったものであったことが明らかである。

大会がおわるとすぐモスコウの近郊の湖水のある大きな森林の別荘地で、私たち日本代表団は休養をかねて勉強のために移った。

飯島喜美さんと私が工場のたたかいと地区委員会の宣伝について討論したこともあった。

九月のある日、突然コミンテルンで日本委員会の会合があるから参加するようにといってきた。私たちは、日本委員会のひらかれる会議室に入った。

ここには山懸、コミンテルンの日本担当のウォルク、太平洋労働組合会議のジョンソンたちもいて、プロフィンテルン大会出席の私と飯島喜美がよばれて日本の実情を報告するために来たのであった。

私は、この会議で、日本の故国の実情について報告した。三・一五事件、四・一六事件とつづく党と民主運動への弾圧、党の再建状況、恐慌と自然発生的なストライキ、労働運動の「左翼」的偏向、農村の状況等についてであった。飯島喜美も工場の闘争等を報告したようにおもう。生なましい日本の実情をきくというのが、私たちを呼んだ理由であった。

山懸は、日本の代表団を帰すことに全力をあげはじめた。大井昌と兒玉静子を一組にして送りだした。飯島喜美はクートベで短期間教育することにした。

私と風間丈吉は最後に帰ることになり、十月にシベリア鉄道で二人は一緒にウラジオストークに向かった。

プロフィンテルン大会における喜美の演説

喜美の演説が、『太平洋労働者』（一九三〇年一〇・一一月合併号）に、「紡績産業に働く労働婦人に向かって　紡産代表者　殿田みさを　一九三〇年九月十日」という表題で掲載されています。喜美が書いた唯一の論文なので、全文を掲載します。

自分はプロフィンテルン第五回大会に出席し、その会合によってえたものを企業内の姉妹に分つ。

私は日本の工場に働いて居た時には、現在当面している経済危機がどの様な性質のものかちっとも知らなかった。しかし、第五回プロフィンテルン大会に出席して各国の同志の報告及討論よりして、現在の危機が世界各国をまき込んで居り、それによる、労働者の大衆的失業者の続出、労働条件の悪化は世界各国の共通である。かくの如き条件をして、資本主義国及植民地及半植民地を問わず、労働者を闘争へと導びいている。それが最もおくれた層であると思われて居た婦人労働者までが闘争に参加し勇敢に戦って居ることを知った。このことは我が姉妹達が勇敢に紡績企業でのストライキ（右翼幹部の意志と行動に反対して）によって知ることができる。

それから私を真の闘争へかりたてたものはロシアの社会主義建設である。ソヴエート同盟では社会主義建設の五ヶ年計画をたて、それが四ヶ年でのスローガンのもとに、権力を勝ち取った労働者の参加により着々と社会主義建設が進められている。

資本主義諸国に於ては改良主義者と資本家政府とがぐるになって、ソヴエート同盟の攻撃にあらゆる努力を払っているからくりがハッキリと知る事が出来たと共に、此の時にあたり、我が赤色労働組合は何をなすべきかを知ることが出来た。

大会の中心問題となった、赤色労働組合の仕事を企業の中へ、未組織労働者の組織、経済闘争の指導等々がこれである。故に日本の紡績労働者は大部分が未組織であるから企業内での仕事の中心を組織的方面に努力すること。

左翼組合の本部は紡績工場の組織と闘争に経験のあるオルガナイザーを置き、日常の闘争を正しく指導する事により労働者を企業内で中心に組織する事である。

共同闘争の場面を企業内におき、左翼の戦術を実行するために工場委員会を組織し、工場内の一斉のもよおし事、例えば新年会、花見、つみ草等々あらゆるものを利用し左翼的に企業内の労働者を常に統一しておくことである。尚企業内の改良主義者の会合を利用し大衆の要求を資本家に提出する戦術をとるべきである。この要求の提出と共に改良主義者の行動を監視してウラ切った時、實践によってバクロする事である。

我々は失業反対の運動をやらねばならぬ。それには失業者と就業者と共同による闘争をやることである。紡績産業に働く姉妹達よ、失業問題に最大の努力をはらえ。

特に今日の世界情勢のもとでは、国際的労働者の連絡を必要とする。今日の闘争は国際的キボに於て組織され準備されて、発展してのみ成功的闘争が行われるのである。

以上のことを日本の紡績産業に働く労働者はやらねばならぬことを感じた。プロフィンテルン五回大会に於て採用された日本に関する決議はそれ等の問題を具体的に示している。我が姉妹達はこの決議を企業内の実戦にうつすことである。

我々紡績企業に働く労働婦人は当面何を要求し勝取らねばならぬか？　要求の一、資本家的寄宿制度の廃止、二、食料の改善、三、外出の自由、四、監獄的カントク制の廃止、五、七時間労働制の獲得の闘争、六、右「中間」組合内部（企業中心）に革命的反対派の組織を作り強固にすること、七、賃金計算方法の改悪からくる、賃金低下反対の闘争、其の他人間的一切の自由獲得のための闘争を企業内で、組織することである。

紡績産業の労働者特に労働婦人は、右翼「中間派」組合のダラ幹共にくい者にされている、企業内からダラ幹をおっぽりだせ、紡績の姉妹達は自分の力を知れ、

一切の闘争を左翼の指導のもとに

企業内に革命的組織を作れ

革命的工場委員会を作れ

赤色紡績労働組合の組織拡大万歳

紺野与次郎、喜美、片山潜の演説の要旨が、『無産青年』（第四十号）に、掲載されているので、全文を掲載します。

大会に闘ふ日本代表
プロフィンテルンの旗の下に全協の再建に進め

国際赤色労働組合第五回大会は終了した。我々は今その決議と討論を受け取りつつある日本の代表は一名

の婦人代表を交えて第四回大会以後の日本労働組合協議会の闘争を報告し、全世界の革命的労働者代表と共に批判と方針の樹立のために活発に闘った。

我々未だ第二回国際青年会議と第一回国際婦人労働者会議並に日本問題委員会を受け取っていない。

全日本の青年同志諸君

幾多のストライキの指導権を握り、真に革命的労働者の精一杯の闘争力を発揮させるために俺達は、第五回大会の成果を摂取しなくてはならぬ。

まして全協破壊に依って再建を托くせられている我々だ。

無産青年社編輯部は、ソヴェート同盟共産党中央機関紙、プラウダ（真理）に所載せる、日本代表の報告演説を入手したのだけ略載する。

階級的裏切り者の好見本、事実上全協を支配階級に売渡さんとする刷新同盟は札付きの解党主義者南巌をモスコーに派遣した大会に集る代表はだんことしてたたきのめし極悪の指導者を排撃している。

★全協刷新同盟を撲滅しろ！
★全協並全協青年婦人部を再建確立しろ！
★プロフィンテルン第五回大会万歳！

同志金子（紺野与次郎）の報告（要旨）

日本に於ける経済恐慌は既に一九二九年に始まり、そして、それが最近に至って高まったのは、世界経済恐慌、支那に於ける銀塊相場の暴落、印度に於ける関税率の引上げの結果によるものである。激化しつつある経済恐慌から脱却するためには、日本のブルジョアジーは、必死になって、新たなる帝国主義戦争を準備しそして、武力による支那、朝鮮及び台湾に於ける革命運動を鎮圧せんとしている。国内に於ては、経済恐慌並びにそれに相関連して実施されんとしている資本主義的合理化のあらゆる重荷をブルジョアジーは労働者の肩に転嫁せんとしている。労働者階級の生活水準に対する資本家の攻撃は労働者の大衆的解雇、賃金切下、労働時間の延長、労働強化等々の中に現れている。

工業恐慌は、都市及び農村における階級闘争の激化を惹き起こし、更に益々日本帝国主義の矛盾を深めた。

政府はプロレタリアートの闘争を弾圧する為めに一系列の法律を制定した。一九二八年四月十日には革命的労働組合中央部評議会が解散された、それ以来日本の労働組合運動は、政府の側からの絶えざる迫害と酷烈な弾圧にも拘らず、合法性を獲得するために戦いつつある。

革命的組織の迫害並びに資本主義的合理化の実行に於いて、ブルジョアジー並びに政府へ積極的援助を社会民主主義者及び改良主義的労働組合官僚の顔触れの中に見出しつつある。最近の二ヶ年半に亘って改良主義的労働組合は若干増加した。然しながら、それは断じて彼等の勝利を示すものではない。何となれば、それ等労働組合内にある組合員大衆は、益々頻繁に彼等の裏切り幹部の意志に逆らって、自らの利益のための闘争に向かって進出しつつあるからである。

「左翼」社会民主主義者に関して云うならば、彼等は外面的には民主主義的組合に反対して立っているが、事実はプロレタリアートにとって、より危険な敵となっている。日本に於いては左翼労働組合を組織する必要はないという理論をひろめつつ彼等はストライキを次々に裏切り大衆の闘争気分を抑圧しつつある。

日本に於ける革命的労働機関は、未だなお十分に連続的に経済闘争の独自的指導のスローガンを実行に移し、労働者大衆の日常活動を指導することが出来ず、必ずしも常に統一戦線戦術を適用してはいないのである。最近彼等は多くの右翼的、日和見主義的並び左翼的誤謬を犯したのである。

日本に於ける革命的労働組合運動にとっての最も重要なる任務は次の点に帰せられる。即ち、労働者階級の多数者を獲得すること、日常要求のため進出の基礎の上に大衆を闘争に動員すること、未組織者の組織、就業者失業等の共同活動に基づく失業反対闘争、婦人、青年並びに日本内地に働く植民地労働者間に於ける活動の強化、革命的労働運動幹部の養成等々、それである。ただ改良主義的労働組合官僚、並びに社会ファシストに対する容赦なき闘争、わが陣列内に於ける右翼日和見主義並びに宗派的傾向に対する無ジヒな闘争によってのみ、日本の革命的労働組合運動は国際赤色労働組合の指導方針を実現し、自らの陣列を拡大し、強化し得るのである。

日本婦人代表（喜美）の演説（要旨）

日本の労働婦人の組織は未だ非常に微弱で大衆をもっていない。黄色労働組合（総同盟組合同盟等）にはみんなで二万余の労働婦人が組織されている。その微弱な組織力は資本家に容易にムゴイ搾取をほしいままにさせている。繊維工業では八〇％即ち八十万に上り主として若年の婦人である、これらの婦人労働者の賃金は非常に低く男子労働者の賃金の半分である。婦人繊維労働者の多くは「生きた商品」を買い集める様な方法で農村から集められて居り。

従って彼女等はなくてならぬ様な用具すら備えていない工場附属の寄宿舎に住居し、牢獄の様な生活を強いられている、おまけに彼女等の一日の行動は一々厳重に監視されているのだ。

吾々の任務はそれらの大衆の行動を指導して正しい方向へ導くことにある、今まで日本の左翼労働組合（全国協議会）はその任務を軽視していた。革命的な婦人労働者はその指導下に統一することについては何もやらなかったと云っていい、それ故に左翼組合（全国協議会）はその任務を軽視していた、革命的な婦人労働者はその指導下に統一することについては何もやらなかったと云っていい、それ故に左翼組合（全国協議会）は一九三〇年の繊維工場のストライキ（鐘紡、岸和田、日の出、東洋モス、東京モス等々）の指導権を握ることができなかったのである。この任務を実行するためには、工場内の婦人労働者の中から組織者及び指導者を養成しなければならない。

結論として、私は日本の労働運動のために国際的連帯の特に重要であることを強調したい。

アルベール、トーマを代表とする国際改良主義者は日本プロレタリアートに対する影響を強めるために、日本に侵入しやうと試みつつあるのだ。

革命的国際労働運動はこの方面に於いて未だ殆ど何事もやっていない。

私はすべての同志に向かって日本の若い革命的運動に対して思想的、組織的援助を与えてくれる様に呼びかけるものである。（プロフィンテルン第五回大会席上）

同志片山潜の報告演説（要旨）

私は、日本に於ける革命的労働運動の弱点に就いて述べるに止めるであらう。一九二八年に左翼的労働組合は政府によって解散され共産党もまた禁止された。それ以来労働組合は、なほ十分の程度に於いては自己の活動を再組織しなかった。それらは一連の弱点を暴露しつつある。それらの中最も重要なのは、工場内に於ける強固な支柱の欠除、労働組合の数的に微弱なることストライキ準備の拙さ、並びに国際的連帯性の欠除、これである。然しながら労働組合が左翼的及び右翼的偏向を克服して、目下、既に労働者階級の闘争を指導しつつあると認めねばならない。

　日本の労働組合をも含む太平洋労働組合書記局の最も重要なる使命は、戦争の危険に対する闘争である。太平洋に於いてサヴェート同盟に対して戦争が準備されつつあり。また支那に対する帝国主義者の侵略が準備されつつある。この戦争を妨害するために、我々は重工業、主として金属及び化学運輸労働者の工場内に於ける積極的活動を導かねばならない。

　そのために我々は労働者階級獲得に全勢力を集中すべきである。


喜美と参加した風間（旧姓兒玉）静子は、「飯島喜美さんの思い出」を『運動史研究5』、（三一書房刊、一九八〇年）に書いています。プロフィンテルンの思い出を抄録します。

　昔、大正末年の頃、私の生れ育った東京の下町本所緑町をもっと東へ、江東区の東北のはずれ、柳島妙見さま（柳嶋妙見山法性寺）に近く、十間川沿いに東京モスリン亀戸工場があった。飯島さんはこの工場の紡績女工の出身で、たしか泉歯科医院で一度逢ったようにも思うけれど、モスコーの当時の日本大使館の前通り並木路の側にひっそりとあった古い建物のクートベの寄宿舎の一室に風邪で寝込んでいたのを尋ねていったのが、私達の知り合った始めであった。彼女はプロフィンタン五回大会に日本のセンイ組合代表として入露していたのである。

　飯島さんは少し猫背の目玉のクリッとした、下唇のあたりにいつもブツブツを出したりしている、見るからに女工さん然とした人で、仕事自慢で、工場では機械を三、四台も受け持って右に左に横とびに飛び歩きながら、切れる糸をおや指と人さし指とでチョッチョッとひねって繋ぐ、そんな仕ぐさをよくして見せたりした。決して本名を名乗ってならぬのに、厳しい非合法生活に不慣れな彼女はよく身上ばなしをした。街路樹が葉をふらす石畳の路を歩きまわった時、電車待つ間の小公園のベンチでのひと時に、自分がキミちゃんと呼ばれていたこと、郷里の家ではお父さんが木の盆に絵を彫る仕事をして居ること、腹違いの弟があることなどを、るるときかされたものだ。

　ある時米みそ豆腐などを入手したので夕食会をすることになり、日本人ばかり七、八人がホテル・ルックスの一室に集まったことがあった。当時ルックスには山本懸蔵、片山潜の二氏が在宿していた。御飯たきを引きうけたキミさんが、もうご飯は炊けた頃と蓋を取ったところが、水はすっかり引いて少しこげ臭いのに飯はまだ米粒の状態である。あわてて穴をあけて熱湯を何度もさして、やっとご飯になったという、たのしく、てんやわんやの夕食会。在露半歳、数々の思い出を残して昭和五年十月末、モスコーに冬将軍がやってくる直前に、私は帰国第一陣として帰国の途についた。そのあと、飯島さんがクートべに入学したというわさを耳にしたが、いつ頃彼女が日本に帰ったか、はっきりしたことは知らない。（たぶん昭和六年五、六月頃ではないかと思う。）

（三―二）共産党中央婦人部の時代の喜美

喜美は一九三一年十月に帰国しました。山懸がウラジオストックまで送ってくれたのではと思われています。

喜美は帰国すると直ちに、日本共産党婦人部担当の岩田義道（日本共産党中央委員・三十二年十一月拷問で虐殺された。三四歳）のもとで中央婦人部の任務につきます。この時の婦人部長は兒玉静子で、彼女は喜美と一緒にプロフィンテルン大会に参加していました。

喜美は、日本帝国主義が準備している、中国にたいする新たな侵略戦争を阻止するためのたたかい、朝鮮及び台湾に於ける植民地支配を止めさせるためのたたかいに全力をあげました。

さらに、喜美がプロフィンテルン大会で報告した、日本の紡績企業に働く女性労働者の次に掲げる要求を勝ち取るために全力を尽くしました。

喜美が中央婦人部で活動するようになってから、『赤旗』の記事に大きな変化が現れました。

『赤旗』第四八号（三一年七月十五日付）には一ページだての「婦人欄」が設けられ、「戦争が拡がる　婦人は起って反対せねばならぬ」「八月一日の反戦デー　全国の兄妹！世界中の兄妹と一緒になって戦争反対とデモで押しかけよう」とよびかけています。女性分野、とくに女性労働者のなかに日本共産党の影響力を広げ、侵略戦争反対と平和をねがう女性への訴えが響いてきます。

婦人のたたかいについての記事を多くのせるように、編集方針が改善されました。次のような記事が目につきます。

「即時婦人部を設置せよ！」（第四八号）

「革命的婦人運動の発展について」（第五二号）

「党婦人部の独自的組織活動の領域に就いて」(第五三号)「『決定』に忠実たれ！　真に婦人部活動を開始せよ」(第六一号)

喜美は、女性労働者を積極的に組織するために、共産党、共青、全協、全農などに婦人部をつくり、その活動の強化を積極的にすすめました。

さらに、プロフィンテルンの決議に忠実に、労働組合に婦人部をつくるために力を注ぎました。

喜美が中央婦人部で働いているときに、『勤労婦人間の活動に於ける吾党当面の方針』が作成され、赤旗パンフレット第二十三輯として発行されました。この文書は、五二ページの大部のものです。一部五銭です。

この文書は、『現代史資料（14）』、復刻されているので、読むことができます。

この文書は、次の章から成り立っています。

一、日本資本主義と労働婦人の地位

二、労働婦人に対する党の任務

三、婦人間の活動に関する主要綱要――婦人部活動の具体的内容――

（一）工場労働婦人間の活動について

（二）農村婦人の間に於ける活動について

（三）勤労婦人間での戦争とファシズム反対活動の強固化

（四）婦人に関する宣伝煽動一般について

スローガン（二二項目）

★産業合理化その他一切の口実による大量首切り、賃銀値下、労働強化、時間延長、工場閉鎖、操業短縮反対！

★性、年令及び民族の差別なく同一労働に同一賃銀！

★物価騰貴による実収入の低下反対！　労働賃銀の全般的値上！

★賃銀低下を伴はざる七時間労働！

★婦人に有害なる労働及夜業の禁止！

★人身売買及監獄的寄宿制度撤廃、外出、外泊、信書、結婚の自由！

★出産後二ヶ月づつの有給休暇及び月経五日の有給休暇、企業負担で出産手当の支給！

★企業家負担の工場内託児所設置及完備！

★勤労婦人の年期雇制度撤廃！

★勤労婦人に同等の政治上の権利、市民権を与えよ！

★国家負担による労働者、農民、失業者の子供の教育及保育の権利！

★戦争費用、警察と憲兵の費用で失業者とその家族を救へ！
★国家全額負担による男女同額の失業保険の即時実施！
★戦時強制労働者反対！出征家族の全生活を国家が保証せよ！
★ストライキとデモの自由！
★ファシスト、社会ファシストを工場、農村から放逐せよ！
★階級的政治犯人の即時保釈！
★帝国主義戦争の打倒！
★ソヴェート同盟、中国ソヴェートを守れ！
★失業、飢饉、戦争の警察的、軍事的天皇制の廃止！　資本家地主の政府打倒！
★ソヴェート日本の樹立！
★プロレタリ独裁による労農勤農婦人の解放！

一九三二、五

日本共産党中央委員会

付録〈女工三百人以上ノ工場、鉱山〉に、都道府県別に、工場名、生産品及び女工数が記載されています。さらに、「女工三百人以上の工場、鉱山数と女工数の合計」が次のように示されています。

繊維工場

製糸業　二八〇工場、一四六八一三人
紡績業　一八四工場、一五一〇二二人
撚糸業　一工場、三九〇人
織物業　五〇工場、三七五一三人
染色整理其の他加工業　二工場、八九五人
組物編物業　二工場、七三三人
雑業　二工場、三〇五七人

機械及器具工場

機械製造業　一工場、三六一人
器具製造業　二工場、一二三六人

化学工場

窯業　一工場、四七四人
発火物製造業　五工場、一六八八人
製薬業　一工場、三二一人
護謨製造業　六工場、五七九〇人
化粧品製造業　一工場、三五〇人
セルロイド製造及加工業　一工場、三三四人
人造絹糸業　七工場、七二三八人
雑業　一工場、一五五〇人
菓子製造業　飲食物工場　二工場、八六〇人
官営工場　二七工場、一六〇八九人

鉱山　一一工場、六二二三人

当時、日本共産党は、大工場の女性労働者を労働組合に組織し、工場に婦人委員会をもうけ、活動することを全党の婦人党員呼びかけたのでした。

喜美は、「全協・日本繊維労働組合の行動綱領・規約（一九三二）」の制定に大きな役割を果たしました。

全協・日本繊維労働組合は、行動綱領と規約を承認するすべての繊維産業（紡績、製糸、製麻、織布、染色、人絹等）労働者によって構成されています。紡績労働者の状態については、この行動綱領が制定された七年前に刊行された、細井和喜蔵著『女工哀史』のなかで、綿紡績労働者の状態が描かれていますが、著者の個人的関心に基づいているので、限られた情報となっている恨みがあることは避けられません。この行動綱領は、繊維産業全般にわたる繊維労働者の状態、要求、闘いの方針が五三項目わたって提示されています。喜美がこの行動綱領の作成にかかわり、その実現のために活動したことを考えて、少し長くなりますが、全文を載録することにします。

日本繊維労働組合の行動綱領

一、産業合理化其の他一切の口実に依る馘首、賃銀値下、労働強化、時間延長、工場閉鎖、臨時休業、操業短縮反対の闘争。

二、請負制度、年給制度の撤廃、最低一円五十銭の日給制確立の闘争。

三、賃銀の全般的引上げの闘争。

四、公休、臨休、全休、操短中日給全額支給。

五、年二回定期昇給制の実施、賞与諸手当削減反対。諸手当の本給繰り入れの闘争。

六、賃銀不払、支払延期、分割支払反対、未払賃銀即時支給させるための闘争。

七、試験制度、レワード制、格落品制度、競争制度、成績表制度等廃止の闘争。

八、臨時雇傭制の廃止、臨時工を即時常傭になほすための闘争。見習養成期間の短縮のための闘争。

九、年齢、性、民族別を問はず、同一労働に同一賃銀支給の闘争。

一〇、賃銀低下を伴はざる七時間労働制（十八歳以下十六歳迄六時間、十六歳以下十四歳迄四時間、十四歳以下の労働禁止）の実施、残業、深夜業、臨時出勤制

度の闘争、一日一時間休憩時間獲得の闘争。
一一、一ヶ月五日以上の有給休暇獲得の闘争。
一二、月経一週間、産前産後八週間づゝ日給全額付の休養日獲得の闘争。
一三、婦人青少年労働者の契約外、時間外雑役労働及び懲罰虐待反対の闘争。
一四、婦人青少年の危険作業使用反対の闘争。
一五、入営による解雇反対、除隊後の即時復職、徴兵召集に際し日給旅費全額支給の闘争。
一六、食事改善、食費値下げ、食券制獲得の闘争。
一七、工場設備、衛生設備の完備及び休憩室、娯楽設備、浴場、洗面所、更衣室、食堂の設置又は改善の為の闘争。
一八、作業服年二回支給並びに月二回社費による洗濯、修繕、手袋、石鹸、マスク支給の闘争。
一九、安原料使用反対の闘争。
二〇、官僚的就業規則反対、全従業員の決議によるその改正、横暴なる監督、職長、教婦（養成係）、見番（見廻り）の排斥。従業員の公選による革命的世話役団確立の闘争。
二一、工場法、健康保険法の改正、健康保険掛金の資本家国家全額負担の闘争。
二二、公傷その他職業病に対して治療費資本家全額負担、労働不能の場合は生涯の生活保障の闘争。
二三、老廃せる労働者及び死亡せる労働者の遺族の生活保証の闘争。
二四、退職手当制（一年につき最低三ケ月）獲得の闘争。
二五、資本家勝手の雇傭契約法廃止の闘争。
二六、強制貯金反対、共済組合掛金資本家全額負担の闘争。
二七、国家資本家全額負担の失業保険の実施。失業保険の出来るまで警察費、軍事費等労農弾圧費から失業者の生活を充分保証する失業手当獲得の闘争。
二八、無料託児所、幼稚園、裁縫教授所の設置及び改善のための闘争。
二九、監獄的寄宿舎制度撤廃、通勤、結婚の自由獲得の闘争。
三〇、寄宿舎の改善の闘争。
（イ）採光、換気、温度、湿度、除塵、食堂、浴場、便所、洗濯場、物干場、洗面所、病室、娯楽室、非常口等の設備及びその改善。
（ロ）外出、外泊、面会、通信、読書の自由。
（ハ）舎監並に棟長、室長（部屋長）の撤廃。
（ニ）寄宿委員会に依る寄宿管理権の獲得。

（ホ）専制的舎則の廃止。
（ヘ）売店の改善、管理権の獲得。
（ト）強制掃除、美化作業反対、掃除夫雇入れ。
（チ）強制講話反対。
三一、社宅の設備改善、社宅料撤廃の闘争。
三二、共済会、親睦会其他の従業員会の自主化及それらを闘争委員会、ストライキ委員会その他の行動委員会その他の行動委員会と共に革命的工場委員会に転化し、又は新たに革命的工場委員会を作る為の闘争。
三三、ストライキ、デモの自由獲得。ストライキに対する国家権力の干渉、強制調停反対。工場に暴力団を入れる事及びスキャップ（ストライキ破り）組織反対、大衆的ピケ設置、労働者自衛団確立のための闘争。
三四、個々の資本家との闘争に際して全従業員の公選による闘争委員会、ストライキ委員会を作って独自的に指導するための闘争
三五、如何なる形態の労使協調にも反対、資本主義制度下に於ける工場の労働者管理反対の闘争。
三六、階級的労働者消費組合に広汎な未組織労働者及びその家族を入れるための闘争。ストライキの物質的援助に労働者消費組合、労働者救援会、赤色救援会を参加せしむる為の闘争。
三七、個々のストライキの革命的指導及びその拡大、センイ産業ゼネストのための闘争。
三八、建国会、正義団、希望社、修養団、在郷軍人、青年訓練所、青年団、処女会その他一切の工場内外の反動団体、御用団体撲滅の闘争。
三九、工場内外の御用スポーツ反対、赤色スポーツ団確立のための闘争。
四〇、軍国主義的、愛国的、反動的教育訓練反対、工場の軍事管理反対の闘争。
四一、革命的組織の宣伝、煽動、組織活動の自由獲得の闘争。
四二、反動的労働組合法、治安維持法、争議調停法その他一切の労働者弾圧諸法令、道府県令の撤廃の闘争。
四三、労働者の検挙、投獄、拷問反対、階級的犠牲者即時無罪釈放の闘争。
四四、階級的犠牲者及びその家族の救援、赤色救援会支持の闘争。
四五、総同盟、全国同盟、総連合、総評議会、解党派統一協議会その他一切の改良主義組合の陣営から放逐するための闘争。改良主義組合内に、工場職場を基礎と

して革命的反対派結成の為の闘争。

四六、全国労働組合会議、日本労働クラブその他一切の改良主義組合の幹部のみの反動的統一組織粉砕従業員大会、工場委員会、ストライキ委員会、闘争委員会、共同ストライキ（闘争）委員会、工場代表者会議によるる階級闘争を基礎とせる下からの統一戦線のための闘争。

四七、農民運動への積極的支持及びそれとの提携のための闘争。

四八、失業者運動への積極的参加。失業者同盟支持のための闘争。

四九、植民地、半植民地の労働運動の支持提携のための闘争。

五〇、帝国主義戦争反対及び反帝国主義民族独立支持同盟支持のための闘争。

五一、国際労働会議、国際労働組合連盟の排撃並びに、国際赤色労働組合、汎太平洋労働組合支持のための闘争。

五二、日本センイ産業に於ける全国的単一労働組合にするための闘争。

五三、日本労働組合全国協議会拡大強化のための闘争。

（『現代史資料（15）』二六八頁）。

この行動綱領で実現を目指した要求の中で、日本国憲法、労働基準法の施行によって実現したものがあり、さらに近江絹糸の人権闘争はじめ全国各地の繊維労働者のたたかいによって実現したものがありますが、未だに実現がかちとられていない要求がおおくのこされています。

山代巴の証言

『荷車の歌』などで知られる著名な作家山代巴は、喜美とのかかわりについて、治安維持法違反で三次刑務所に服役していた、一九四〇年に、刑務所長に提出した上申書が、『山代巴獄中手記書簡集――模索の軌跡』に復刻再録されています。「日本共産党との関係」（一一一～一一四ページ）のなかで、中央婦人部時代の喜美との係わりについてかなり詳細に述べています。この時代における喜美に関する直接の証言はこれが唯一のものと思われます。この部分を抄録します。

私が女工生活に這入った昭和七年の春の頃は、日本共産党の指導下にある左翼労働組合や文化団体の工場内組織は盛んに工場内活動に潜行して居たので、工場内の彼らの細胞組織は女工達の一挙手一動作を敏感に感受し、党上部に報告して居たものと思ひます。ですから、私が昼は工場に働き夜は夜学の教授をし、後に人手に渡した松葉保育園経営の設計などして居る事が、彼女等に知られないで居る筈はありません。

松葉保育園と云うのは涌井先生の名によって経営されましたが、幼チ園と乳幼児の託児を昼間の仕事とし、夜は女工達の夜学、読み書き、裁方縫と、特に専検受験者の受験準備授業がなされ、夜の部の専検受験者の授業は、私の肩にかゝって居たものです。私の女工生活は半年位で切り上げられ専ら此の仕事に精出して居ました。

当時日本共産党の中央委員（中央婦人部員：筆者）の一人であり、党指導下にある全協（日本労働組合全国協議会）繊維労働組合婦人部長であった（今検挙によって警察官によって示された彼女の手記を（と）写真を参照すれば、彼女の本名は飯島きみと言ひ、貧農出身で尋常科卒業前に東洋紡績株式会社（東京モスリンの誤り：筆者）亀戸工場に女工として働く処となり、やがて産業合理化による大量馘首《かくしゅ》に反対して全員総ヒ業〔罷業〕に入るや、全女工より選ばれて女工代表ヒ業委員となり、争議終了後馘首され、自己の使命が女工の解放にある事を思ひ、全協繊維労働組合結成に専心し、昭和五年モスコーで開かれたプロフインテルン〔赤色労働組合インターナショナル〕大会へ日本左翼労働組合婦人部を代表して出席し、六年潜行して帰国し党中央委員になったが、昭和九年検挙をうけ、昭和十一年栃木刑務所で、獄死したと言ふ事であります）が、私の働いて居りました工場の女工さんの紹介で私の処へたずねて来ました。

彼女の純な女性解放への情熱と、死を賭した日々の行為と、前衛たる責任感からする、日に夜をついだ学問の追求とは、全くの処、零細農女性の超人的な忍辱の性格を前衛の方向に向けて発揚させたに過ぎぬものではあっても、その人格の量から来る人の征服力はとうてい私達の及ぶ処ではなかったのです。謙譲であると同時に何ものにも屈しない闘争性と言いますか進取の気と言ひますか、そふした性格をそなえて居る彼女は、私に自が日本共産党員たる事を言わず、党の仕事へ私を共力させて行ったのでした。

私が彼女へ力をかし、彼女が私へ力を貸す友情を結べば、結局それは私が日本共産党の仕事に共力する結果になるのでありますから、「行くは牢獄、絞首台、之告別の歌ぞ」と言ふ斗争歌を私に教へた彼女の歌ひ方は、単に歌を歌ふのではなく、自己の真実の叫びを歌つて居るやうに力強い物があったのでした。

だから私は、彼女の個人的な征服力によつて彼女へ誠実を尽す事になり、それが日本共産党との関係を結ばせはしましたが、入党の手続などをした覚はないので、警察官が入党したとハッキリ言わなければ庁書（調書）を進めないから、五年でも四年でも警察へ置かれる事になり、だんだんには多くの人達に迷惑をかけることになるから、入党したと承認したのであります。

彼女とそのやうにして日本共産党の仕事に共力して居るうちに、一〇・三〇事件とか熱海事件とか呼ばれる日本共産党の大量検挙があり、党内混乱の状態となつた為もありませうが、飯島キミと私の交渉は昭和八年春以来絶たれたのでありますが、その変りに若松玲子が私を訪問するやうになりました。

山城巴は夫吉宗とともに、一九四〇年に治安維持法違反で逮捕・投獄されました。吉宗は四三年二月、控訴審で懲役七年の刑が確定し、広島刑務所で服役、四五年一月十四日、獄死しました。

巴は一九四二年八月、懲役四年の判決、広島県の三次刑務所に収監され、四四年三月和歌山刑務所に移送、四五年八月一日、病気のため、仮釈放されました。

巴の獄中手記は、三次刑務所長・成瀬正太郎に、「刑期の三分の一が過ぎて仮釈放の可能性が出てきた一九四三年前半に提出した」上申書です。この手記の中の「日本共産党との関係」には、巴が一九三二年町工場の女工となり、裁縫塾・勉強会を始めた時期における喜美との関係について書かれているものです。

喜美は、婦人部員、東京市婦人部長、全協のなか大きな成果を上げて活動していましたが、日本共産党中央委員会の中で特高警察のスパイが蠢動《しゅんどう》し、多くの党員が犠牲になりました。党中央委員の上田茂樹は一九三二年四月二日街頭で検挙されそれ以後消息不明、警視庁にて虐殺されたと推定されています。同年十月には熱海で開かれていた日本共産党全国代表者会議に参加していた全員を検挙する事件が起きました。三・一五事件、四・一六事件と並ぶ大弾圧事件でした。岩田義道中央委員は、婦人部も担当して活躍中、三十二年十月三十日東京神田街頭で逮捕され、警視庁で拷問虐殺されました。

「こうしたなかで喜美は同年十二月、党中央にいたスパイへの疑惑・批判から、他の二〜三人とともに、別の「赤旗」を発行するという誤りを犯し、活動停止の処分を受けますが、処分が解除になった三三年四月以降、神奈川県と静岡県で活動することになります。

（三―三）共青再建のための神奈川・静岡県でのオルグ活動

静岡県浜松市における喜美の活動を示す多くの資料を、宮城島正博から提供されました。喜美の活動の記録は極めて限られていますが、浜松におけるわずかな期間の記録が一番多いのです。

松永和夫『20世紀の暗黒と抵抗の軌跡――郷土静岡の先駆者たち――』（私刊本・刊年不明）から喜美に関係する部分を抄録します。松永和夫は、「労働組合運動後、日本共産党静岡県委員会清庵地区委員会で専従活動の後、治安維持法犠牲者国家賠償要求同盟静岡県本部事務局長を長年にわたたって務められた方です。

一九三三（昭和八）年に入って、静岡県では全協、共青の再建が本格的にとりくまれるようになった。

共青の再建では、三三年の三月に望月政三が上京して中央部の鶴丸昭彦と連絡をとり、県下の組織化を計画。中央部派遣オルグの飯島喜美と鶴丸昭彦が県下各地をまわり共青同盟員の獲得をめざした。

飯島喜美は千葉県出身で東京モスリン亀戸工場の労働者。日本共産党に入党して一九三〇年のプロフィンテルン（左翼労働組合の国際組織）第五回大会に日本代表として参加、日本から初参加の女性労働者としてこの大会で演説するというすぐれた活動家であった。その後、共青中央機関紙『無産青年』編集局組織部の任務につき、一九三三年四月から五月にかけて神奈川、静岡両県の共青再建オルグとして来県した。

藤枝の出身で静岡市の田中屋デパートに就職、静岡市稲川町に住んでいた姉の影響で解放運動に参加するようになった芹沢きみ（当時一九歳）は、オルグで来た飯島喜美との出会いを『自分史風追憶』につぎのように書き遺している。

当時非合法活動をしていた望月政三さんの所に身を寄せ、連絡係となりました。丁度その頃、共青全国オルグの飯島喜美さんがやってきて、私たちの所に二泊しました。家事一切何も知らない私には驚いた様子で、お握りの作り方を教えてくれました。今自分の夫は獄中にあると、自分が捕まる頃は夫が出獄してすれ違いになるだろうと話していました。また日頃の注意も教えてくれました。足袋は必ず真白なものを履くこと、曲がり角では後をつけられていないか注意すること等。拷問に対する心得も話してくれました。女性に対する拷問は厳しく、裸にされてしまうこともあるとのことでした。飯島さんは女工代表として、ソヴェトに行った最初の方だと聞いて驚きました。党史にも名前が出て来ますが、とても私には優しく接してくれました。

芹沢きみは、九・一八静岡共青事件で検挙され一カ月余拘留、同じ九・一八弾圧で起訴三年半の刑で投獄され病気のため仮釈放された芹沢総一郎と結婚、夫の健康回復につくしたが果たせず、戦後日本共産党に入党、北海道に移住しました。

共青中央オルグとして静岡県の共青再建に力をつくした飯島喜美がその後神奈川県で活動中に検挙されたのが三三年五月、残虐な拷問・侮辱に耐え、不屈にたたかって獄死したのは三五年一二月一八日、二四歳という若さであった。喜美が芹沢きみに、「今自分の夫は獄中にあると、自分が捕まる頃は夫が出獄してすれ違いになるだろうと話していました」と語っています。

喜美の結婚について紺野与次郎（当時東京都委員会委員長）は「党をささえた人びととその思い出　日本共産党創立四十五周年を記念して　飯島喜美さんのこと」（『アカハタ』一九六七年七月一九日）で「飯島さんは一九三二年十月に結婚しました」と書いています。さらに「婦人運動のいしずえ　三・一五を記念して①　飯島きみ同志について」（『アカハタ』一九七二年三月十五日）のなかで、一九三二年十月ころ飯島喜美は「一同志と結婚したと、あとでききましたが、その同志は有能なオルグの才能をもった多分藤原という同志であったと思います」と書いています。結婚した相手は、藤原ではなく藤本正平ではなかったかと筆者は推測しています。藤本正平は日本共産青年同盟中央本部で、一九三一年五月から十月まで、アジプロ部で組織部の喜美と一緒に活動していました。『解放のいしずえ』に、藤本正平の経歴を次のように記載しています。

藤本正平――一九三八　東京出身。一九三〇（昭和5）始め慶大経済学部予科に在学中学生運動に参加、慶応最初の学生ストを指導し同年末、共青に加盟、三年学外に出て共青中央A・P部員となり文化運動を指導、三二年共青中央委員候補となる。同年二月逮捕投獄され、非転向でがんばったが拷問と虐待のため発病、保釈となり、闘病生活の後、三八年三月六日死去した、享年二八歳位。

喜美と藤本夫妻はともに、治安維持法の犠牲者として殺されたのでした。

浜松市議会議員・日本共産党静岡県西部地区委員佐藤清は、『不屈のあゆみ　静岡県における人民のたたかい　党創立50周年記念』（日本共産党静岡委員会、一九七二年六月）のなかで、「飯島喜美との出会い」という節を設けて次のように書いています。

いまでもはっきりと覚えていますが、一九三三年四月二十八日、五月に近いとはいえ肌寒いような日でした。同志の紹介ではじめて彼女に会い、街を歩きながら共青の再建を相談していましたが、彼女の本名はもちろん知りませんでしたが、「タマちゃん」というだけになるほどパッチリした大きな目の、色の白い美人でした。浜松では黒っぽい銘仙の着物と花柄のメリンスの帯をしめていましたが、これが当時の女工さんの外出姿です。同志の話だと東京では当時田舎では見られないモダンな洋装をしていたそうで変装でも名人でした。

飯島喜美の来県を契機として、静岡県の共青活動はすこぶる活発となり、共青の中央に県出身者がぞくぞく参加するようになりました。この七月に浜松機関庫に全協交通分会を確立、労働強化反対闘争に上諏訪機関庫とタイアップして一大闘争となり、ついに弾圧されて三十余名の先進的労働者が逮捕され、私も最後につかまりました。しかし共青組織は守り抜きました。

しかしその年、一九三三年九月十八日、県下の共青組織がいっせいに検挙されました。いわゆる九・一八事件です．検挙や取り調べをうけた者四〇〇名、起訴者二八名、浜松から静岡の刑務所へ送られた者は私を含めて六名です。

Ⅳ. 検挙・拷問による若すぎた獄死

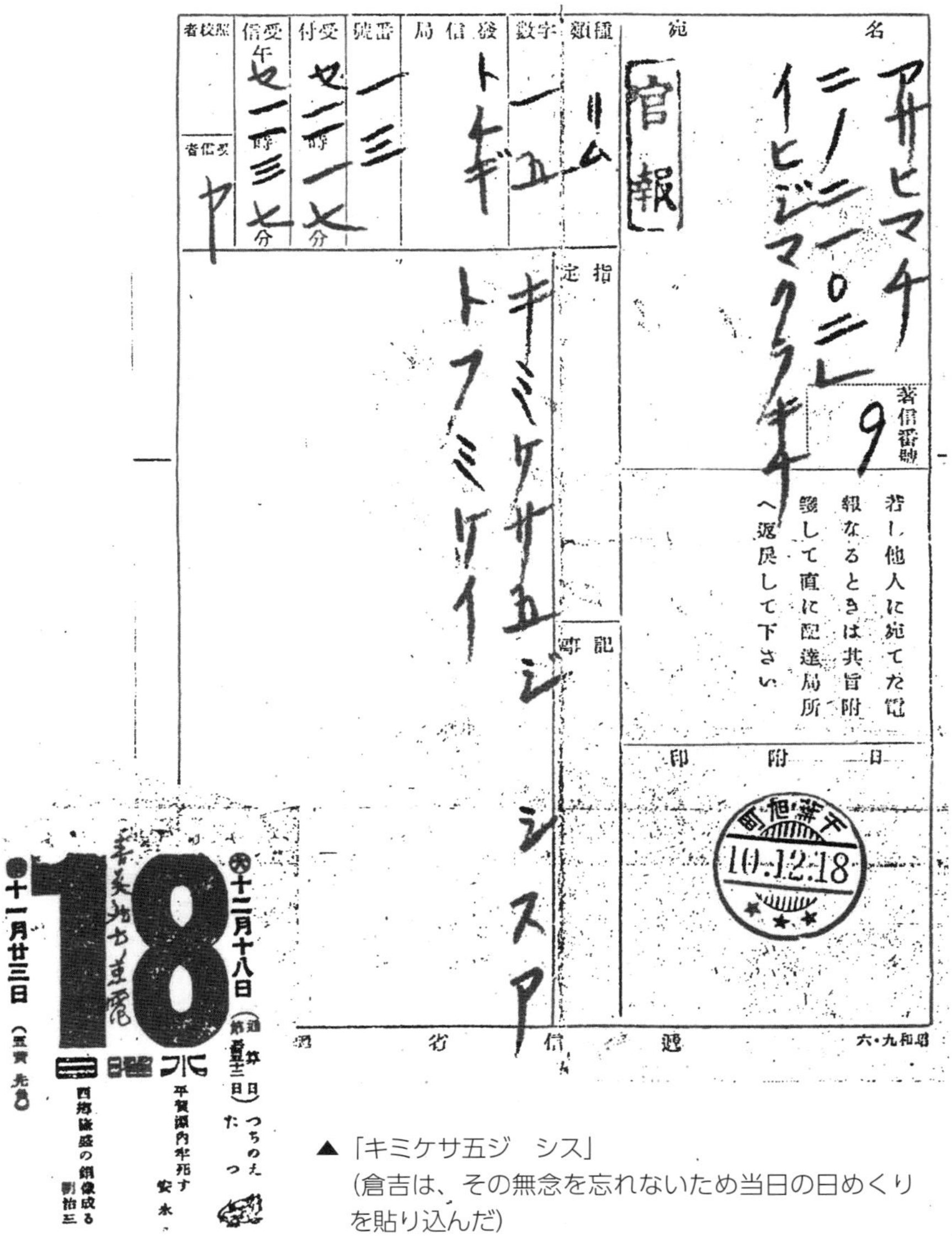

▲「キミケサ五ジ　シス」
(倉吉は、その無念を忘れないため当日の日めくりを貼り込んだ)

喜美は、一九三三年五月二十一日に検挙され、一九三五年十二月十八日夜半栃木刑務支所で、誰に看取られる事なく、獄死させられました。満二十四歳の誕生日の翌日でした。検挙から獄死までの二年七カ月間、喜美がどのように処遇されたのかを示す記録は、特高警察の手の中に秘匿されていて、わずかしか見出すことができませんでした。

ここでは、(一) 検挙から起訴、(二) 予審から地方裁判所における公判と判決、(三) 栃木刑務支所における刑の執行から獄死、獄死後の刑務所の非人道的な処理の三時期に区分して述べることにします。

(四―一) 検挙から起訴までの出来事

様変わりした昭和七年、八年の弾圧

東京で、三・一五事件、四・一六事件の統一公判に立ち合った戸沢重雄検事が、その経験から、昭和七年・八年の治安維持法弾圧の特徴について、「思想犯罪の検察実務に就いて」(『現代史資料(16)』、一五―三六ページ)と題して、講演をしています。

三・一五事件、四・一六事件、熱海事件では、一斉検挙主義をとっていたが、その後の客観情勢は一斉検挙主義に拘泥することが許されなくなり、組織の整備拡大を未然に防止するために、犯人を発見したときは、随時随所で検挙する日常検挙主義に移行せざるを得なくなった。日常検挙主義に移行した結果、検事が行う取調べを、大幅に特高警察官に任せることになった。

熱海事件について、警視総監藤沼正平は、「日本共産党検挙事件ノ概要」という文書を、内務省警保局が作成している。この文書は、内務大臣、司法大臣、検事正、各庁府県長官、憲兵司令官、東京憲兵分隊長に送っていたと思われます。その中で、

従来共産党ニ対スル警察取締ハ一斉検挙断行ノ時期迄ハ専ラ内偵ニ力ヲ注ギ部分的検挙ハ行ハザル方針ヲ採リ来レルガ其ノ後ノ情勢之レヲ容サザルニ至リ彼等ノ活動ヲ視察内偵スル一面之レト竝行シテ間断無キ捜査検挙ヲ為シ以テ党活動ノ発展ヲ阻止スルト共ニ中心人物ノ検挙ニ努ムルノ方針ヲ以テ昭和六年一月以来之ヲ実行シ来レル

と述べています。

こうした方針の転換は、全国の警察署・警視庁における特高警察の拷問・虐殺を急増させることとなりました。

（四―一）喜美検挙：特高の記録

（一）『特高月報』昭和八年十二月に、「飯島喜美［イイジマ　キミ］、昭和八年五月二十一日検挙、党員　東京市婦人部長（警：千葉）」と記載されているので、昭和八年五月二十一日に検挙されたことが知られます。

（二）「『思想月報No.3』に昭和八年十二月分として、

起訴【東京ノ部】に、［進行番号］１１３０、［氏名］飯島喜美、［処分時年齢］二三、［職業］ナシ、［学歴］空欄、［所属団体及地位］空欄、［結社ニ於ケル地位］党員（同盟フラク兼地方オルグ）、［処分月日］一二、二、［備考］プロフィンテルン第五回世界大会ニ日本繊維代表トシテ出席

とあるので、喜美は一九三三年十二月二日起訴されたことがわかります。

さらに、『思想月報No.5』（七五～九〇ページ）に、「昭和三年以降昭和九年治安維持法違反に因り起訴せられたる婦人に関する調査（昭和九年九月三十日現在）」が報告されています。女性の治安維持法犠牲者に関する唯一のまとまった資料なので、詳しく見ることにします。

この期間に起訴された婦人の総数は二〇一名で、被告人総数四〇〇〇名の五・〇二パーセントに当たるとしています。

年度別に集計し、「表５　年度別起訴数」に示します。起訴された人数は、昭和七年、八年度で急増しています。特に女性の起訴が増えています。喜美が起訴された昭和八年度は、治安維持法違反事件で起訴された総数一二八五人、その内女性が九二人で、両者とも最高でした。三・一五事件、四・一六事件統一公判の被告人総数は一八一名、

表５　年度別女性の起訴人数

年度	人数		女性の
	全数	うち女性	比率(%)
昭和三年	533	13	2.4
昭和四年	339	10	2.9
昭和五年	461	10	2.2
昭和六年	307	7	2.2
昭和七年	646	32	4.9
昭和八年	1,285	92	7.1
昭和九年	429	37	8.6
計	4,000	201	5.0

『思想月報第５号』より

その内女性は七人です。三二年テーゼ及び第五回プロフィンテルンの決議の実践のなかで、女性が、歴史的なたたかいの主人公として登場してきたことを明確に示しています。

喜美に関係があった女性を抄録します。

橋本菊代　二五歳　元小学教員　関東婦人同盟書記、解放運動犠牲者救援会事務係、党員　昭和四年五月二〇日判決　懲役三年六月、二〇〇日通算

森元ヤエ　二二歳　尋小卒　党東京モスリン会社内「無青」配付責任者、昭和六年十二月九日判決懲役四年、三〇〇日通算

児玉静子　二八歳　尋小卒　党中央救援部長　昭和八年四月十七日起訴

小田切（森田）シゲノ　二十九歳　高女中退　党関西地方書記局財政部長　昭和八年六月十七日起訴

飯島喜美　二十三歳　党盟フラク兼地方オルグ　昭和八年十二月二日起訴

(四―三)　検挙索引簿

国立公文書館の文書の中から、「国立公文書館・〈アジア歴史資料センター〉・検挙人名簿」で検索すると、「検挙索引簿」と題する文書を見ることができます。表紙には次のように記載されています。「自昭和八年　至昭和十二年　検擧索引簿　第二號　特高第一課」

この文書は、警視庁特高一課が治安維持法違反容疑者として検挙した者について、手書きで作成した名簿で、三四七頁もある大部のものです。この名簿は、米占領軍に接収され、米国議会図書館で保管されていたものが、日本に返還され、現在は国立公文書館で所蔵されています。

昭和七年と八年の記録を紹介することにします。

昭和七年検挙した者が次の様式で記載されています。

「追番号」「検挙月日」「氏名」「年令」「地位」「検挙所轄署」「留置警察署」「取調主任」「摘要」

昭和七年中総検挙者数　六八七名　内女一〇七名

内訳　起訴者九五名内女一二名釈放者三五四名内女六一名

現在取調中ノ者　二三八名内女三四名

昭和八年に検挙した者が次の様式で記載されています。

「追番号」「検挙月日」「氏名」「年令」「党内地位」「学歴」「職業」「本籍　住所」「検挙場所」「検挙所轄署」「留置署名」「取調主任」「摘要」

昭和八年中ノ結果

自一月一日至一二月三一日総検挙数　二六七二　男二二六八　女四〇四
内訳　事件送致数　七六三　収監数二三三五　男二〇八女二七
内訳　起訴者九五名内女一二名　釈放者三五四名内女六一名
起訴留保数　五二四　審理中四
罹病死亡数　二　（筆者注：この中の一人は小林多喜二）
病気拘留停止数　一四

「検挙索引簿」には、さらに昭和十五年から二十年までの検挙者が記録されていますが、ここでは触れません。「検挙索引簿」から喜美記録を抄録します。

喜美検挙の記録

追番号一三二二　検挙月日五月二十一日　氏名　飯島㐂美　年令23　党内地位　党中央婦人部員　第五回プロフィンタン出席者　共青神奈川県地方オルグ　学歴　尋卒　職業
本籍　千葉県海上郡旭町太田　倉吉長女　住所　淀橋区角筈二ノ四六臼井アパート内　検挙場所　淀橋　留置署名　淀橋　取調主任　中川

この記録によって、喜美は検挙された当時、淀橋区角筈二ノ四六（現：新宿区西新宿一丁目二十二番）臼井アパートに住んでいたことを、はじめて明らかにすることができ

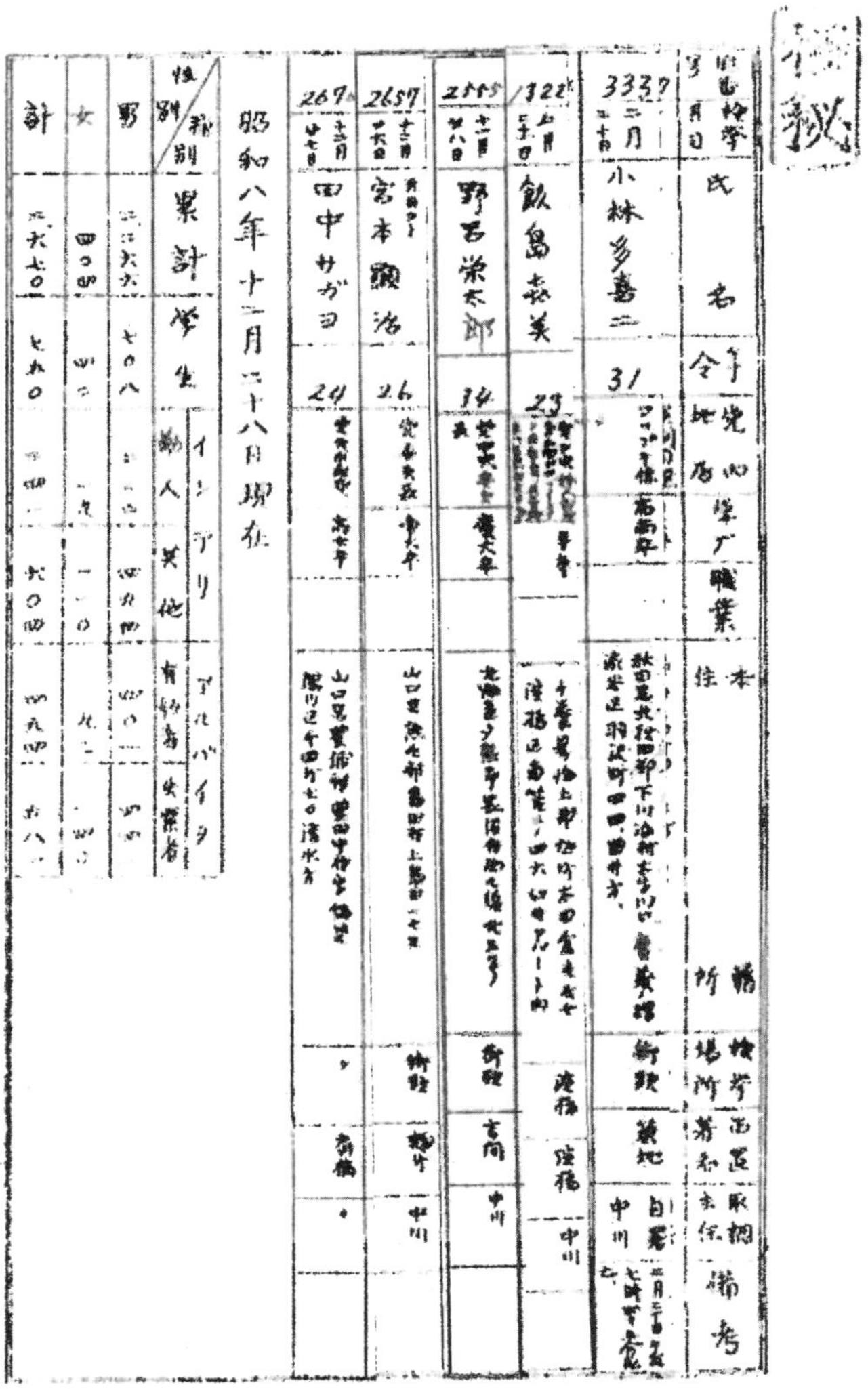
昭和八年十二月二十八日現在

追番号	氏名	年令
3337	小林多喜二	31
1322	飯島喜美	23
2515	野呂栄太郎	34
2657	宮本顕治	26
267?	田中サガヨ	24

▲　小林多喜二、喜美、野呂栄太郎、宮本顕治、田中サガヨの記録（「検挙索引簿」を筆者編集）

ました。

一九三三年に検挙され、特高警官中川成夫によって拷問された人々の中から、著名人の記録を引用します。

小林多喜二検挙の記録
追番号　三三三　検挙月日　二月二十日　氏名　小林多喜二　年令31　党内地位　コップ関係　学歴　高商卒
職業　本籍　秋田県北秋田郡下川沿村大字川口慶義ノ甥　住所　渋谷区羽沢町四四、国井方　検挙場所
街頭　留置署名　築地　取調主任　自署　中川
備考　二月二十日午后七時四五分死亡

野呂栄太郎検挙の記録
追番号　二五五五　検挙月日　十一月廿八日　氏名
野呂栄太郎　年令　34　党内地位　党中央委員長　学歴　慶大卒　本籍　北海道夕張市長沼村西七線北三号
検挙場所　街頭　留置署名　言問　取調主任　中川

宮本顕治検挙の記録
追番号二六五七　検挙月日　一二月廿六日　氏名　宮本顕治　年令26　党内地位　党委員長　学歴　帝大卒
本籍　山口県熊毛郡島田村上島田一七三　検挙場所
街頭　留置署名　麹町　取調主任　中川

田中サガヨ検挙の記録
追番号二六七〇　検挙月日　一二月廿七日　氏名　田中サガヨ　年令　24　党内地位　党員赤配付　学歴
高女卒　本籍　山口県豊浦郡豊田中村字稲見　住所
墨田区千田町七〇清水方　検挙場所　街頭　留置署名
扇橋　取調主任　中川

これら五人のなかで、小林多喜二は検挙当日、築地警察署で拷問、虐殺、喜美は栃木刑務支所で獄死、野呂栄太郎、田中サガヨは重病のため、保釈されたが、間もなく死亡、宮本顕治は瀕死の拷問に耐え、生還した。

小林多喜二、喜美、野呂栄太郎、田中サガヨは、中川から受けた拷問について、自ら語ることが出来ないままに、虐殺されてしまいました。生還した宮本顕治が『私の五十年史』で、拷問の事実を次のように語っています。

特高課長毛利や特高警部の山県、中川らが来て、『世界一の警視庁の拷問をしらないか、しらしてやろうか』『この間いい樫の棒があったからとってある』と

言いながら、椅子の背に後手にくくりつけ、腿を乱打する拷問を繰り返し、失神しそうになると水をかけた。そして、「岩田や小林のように労農葬をやってもらいたいか」とうそぶきながら拷問を続けたが、私は一言もしゃべらなかった。歩けなくなった私を、看守が抱えて留置場に放り込んだ。十二月二十六日で監房の高い窓から雪がしきりに吹き込んだ。一切の夜具もなく、拷問の痛みと寒さのため私は眠ることができなかった。

当時の非転向の政治犯に対する待遇は、残虐な拷問はいうにおよばず、きわめて非人間的な処遇に終始したのです。警視庁の特高警察は、殺人集団であったというべきものでした。殺人集団の主だった者は、戦後その罪を問われることなく、纐纈弥三特高部長は衆議院議員となり、自由民主党文教部会長を務め、中川は東京都北区の教育長を務めたのです。殺人者集団・特高官僚、特高警官が、日本国憲法のもとで、警察・自衛隊・公安調査庁・厚生省・労働省・人事院などの中枢官僚となり、自民党のなかで重要な地位を占めています。詳しくは、柳河瀬精（治安維持法犠牲者国家賠償要求同盟大阪府本部元会長）の著書『告発！戦後の特高官僚』（日本機関紙出版センター、二〇〇五年）を是非読んでください。

（四—四）喜美を淀橋警察署から上野警察署にたらい回し

喜美が淀橋署から上野警察署にたらい回しされたことは、ここで拘留されていた事実を二人が証言しています。

山本（旧姓：橋本）菊代の証言

（『アカハタ』1958年7月2日付）

パッチリした目が　飯島喜美さんのこと

飯島さんは私が昭和八年五月に検挙され、大井署から上野署にたらい回しされていたとき、私より後から入ってきたのでした。どこで、どういうところから検挙されるにいたったかについては、きいた記憶がありませんが、ただ「彼に売られたかと思った」ということをいっていました。」

上野署では東京女子大（中退）の関口（美代子）さん、女子経済専門の大山つね江さん、名前は忘れましたが、天草出身の紡績女工さん、風早夫人の嘉子さん、などといっしょでした。皆んな元気で、ことに風早夫人が検挙されたときひどい拷問をされ、夜おそく死人のようになって監房へかつぎこまれたときや、特高が調べたいといってよびだしにきたとき、まだ体がなおっていないから駄目だとみんなで風早夫人をまもったのでした。

佐藤嘉子（元風早八十二夫人）の証言

風早嘉子から父・倉吉によせられた次の手紙によって、喜美が上野警察署に拘留されていたことが知られます。

風早嘉子より倉吉への手紙（昭和十一年一月十六日付）

私が始めて喜美さんにお目にかかったのは、昭和八年八月二十六日の夜、上野警察署の留置場でした。私がくたくたになってそこへ連れて行かれた時、皆休んでしまった中を起きて来て、親切にお世話下さったのが喜美さんでした。その時から私達は、第一に同じ考えを持っているということから、又偶然に同じ千葉生まれであり、年までおなじであることなどから、ずっと前からの親友の様に打解けてしまいました。

それから、私が他の警察に廻される迄の四十五日間、私達は其処で寝起きを共にしました。私の知っている喜美さんは、その四十五日間の喜美さんであり、その短い間に看守の目を盗んでは聞かしてもらった喜美さんの生活の断面に過ぎません。けれど、労働者の生活の中におい立ち、その歴史的な任務を正しく理解し、強い意志と燃えるような情熱で、その任務を遂行している、本当に新しく正しい婦人としての喜美さんの姿は、私のような者にもどれ程の力強さを与えたか解りません。あの四十五日間の思い出は、私の一生にとっても、忘れられない尊い思い出です。

昨年八月、公判がはじまったという便りを頂き、判決があったら又知らせるとの事。如何なさったかと案じて居りましたのに、それではその時御病気でも悪くおなりになったのでしょうか。あの元気な頑丈な喜美さんがと、尚信じたくない気持許りがのこります。

佐藤嘉子「拷問で瀕死の私を……」

（『ちば民報』一九九五年十一月十二日付）

今のアメ横の通りだったと思うのですが、わたしが御徒町駅の方から、相手の人が上野の方からきて、すれ違いざまに連絡のメモを貰う手筈になっていました。だけど、相手の人は現れないのね。おかしいなと思っていたら、忽ち二人の特高がわたしの両腕を捩じ上げた。咄嗟の出来事で、わたしはそのまま上野署に連れて行かれたの。

昭和八年八月二十六日の夕暮の事でした。佐藤嘉子さんは何も分からないままにご主人から頼まれて、街頭での連絡役をやっていました。産業労働調査所に勤めていたご主人は、戸籍のある人の名を借りて住所を移し、既に非合法活動に入っていました。生活費は蔵書を売ったり嘉子さんの内職で辛うじて捻出しました。

さっそく取り調べね。取り調べ官も二人で、先ず腕を捻り上げ、椅子に正座させられた。樫の棒をその腿の上に渡し、その上に大男が乗って、ぎゅうぎゅう押しつけるの。わたしは大声でわめいてやった。つかまったら、何も言うなと教えられていたから、名前も住所も言わなかった。今日はやめにしようとなって、留置場に下ろされたのはもうだいぶ遅かった。六畳位の畳の部屋で、飯島喜美さんとはそこで初めてお会いしました。その時もうわたしは歩けず、壁に伝って下りて行ったのですけれど、飯島さんはすぐ毛布を敷いてくれ、喉が焼けるように渇いていたわたしに、何度も看守に要求して、お椀の水を飲ませてくれました。その後何日も動けず、紅茶のような尿が出ました。足がむくんで、押すとへこんだまま元に戻りません。

飯島さんはとても明るい人でした。四五日間一緒でしたが、その間いろんな話を聴きました。ソ連に密航したこと（プロフィンテルン＝赤色労働組合インターナショナル＝参加）やクートベ（東洋勤労者共産主義大学）にいたこと、その折の、空腹でパンを盗んで食べた話など。

その後同室に入ってきた気の狂った老婆や私娼の人とも屈託なく話をしていました。心を開いてどんどんその人の中に入っていける人でした。喜美さんはわたしの理想の女性像です。今いらしったら、どんなにいいか」「喜美さんはその時二十四歳。わたしと同い年で、今のわたしは八十四歳です」と喜美との思い出を話しています。

喜美が検挙されてから、わずか十七日後の六月七日に、日本共産党と日本の革命運動の歴史に大きな汚点を残した事件がおきました。それは、佐野学、鍋山貞親、三田村四郎など、かつて党の最高指導部にいた者が、天皇制権力へ降伏し変節したのでした。東京地裁で行われていた三・一五事件および四・一六事件の統一公判は、一九三二年十月、市川正一、佐野、鍋山、三田村の四人に無期懲役を、その他一八一人の党員に計七七七年の懲役をいいわたしました。無期懲役の判決におじけついた佐野、鍋山は、検事の誘導のもと、出獄したいという一念から、「転向声明書」を発表し、すべての党員と支持者に転向をすすめたのです。

天皇制政府は、日本共産党員や支持者をその思想と民主主義をもとめる行動ゆえに検挙し、拷問をくわえ、前近代的で劣悪な処遇の刑務所に長期にわたって投獄したうえで、極刑で脅迫したり、保釈や仮釈放などで誘惑しつつ、人間の思想・信条と良心を乱暴にふみにじり、屈服させようとしました。それに屈服したのが転向です。この事件は、共産党員やその周辺にいた人びとに大きな衝撃を与え、転向のなだれ現象を惹き起しました。七月末までに既決囚党員の三五・八パーセント、未決勾留中の三〇パーセントが転向したといわれていますから、転向がいかに地すべり的であったかがわかります。

そうした状況の中で、喜美は自分の思想・信条と良心を投げ捨てて、転向することを拒否した者の一人でした。

(四―五) 東京刑事地方裁判所における予審

喜美は、東京地検の氏名不詳の思想検事によって、東京地方裁判所に起訴されました。予審は、東京刑事地方裁判所予審判事安齋保によって行われました。

予審とは、検察官の公訴提起を受けて、予審判事が被告事件を公判に付すべきか否かを決定するために必要な事項を取り調べる公判前の訴訟手続をいいます。公判に付するに足りる嫌疑があるときは、予審判事は決定をもって、被告事件を公判に付する言渡しをなすべきものとされていました。

後で述べる、東京刑事地方裁判所で喜美の公判を担当した門田実判事は、ゾルゲ事件を予審判事として担当した経験から、予審について、野村二郎に次のように語っています（野村二郎「続・法曹あの頃　門田実氏に聞く（上）」『法学セミナー』三四七号、一九八三年）。

聞き手（野村二郎）――ゾルゲ事件の予審判事を担当なさいましたが、予審判事というのはどういう仕事をやるのですか。今の制度と違うのでそのへんをおはなしください。

門田　まず今の起訴状にあたる予審請求というのを検事が出しますと事件が予審判事の手に移るですが、予審判事は被告人と証人を呼んで公判と同じように調べるわけです。ただ公判廷でないだけですね。そして証拠が固まり、有罪という心証が得られれば、今度は公判請求をします。

聞き手——そうしますと予審判事は被疑者を呼んで、直接一対一で取り調べるのですか。

門田　そうです。密室である予審室で一対一で調べます。

聞き手——では、検事と予審判事は実質的にほとんど同じような仕事をすることになるのですか。

門田　はい、検事がやる仕事を、みな予審判事がやるわけで、検事は豫審請求をするだけです。証拠を集めるのは予審判事です。証人を次々に呼んで調べるし、鑑定もします。

聞き手——そうしますと正式な刑事裁判にいたるまでの予審判事の占めるウエートは、かなり大きなものになりますね。

門田　大きい力を持ちます。今の検事がやっている仕事をみなやるわけですから。当時は、検事は疑いがある、起訴するにたると思えば、証拠調べもしないで予審請求をするのです……。

この予審制度は、手続は非公開で、被告人の尋問には弁護人の立会いを認めず、また予審調書は公判期日において無条件で証拠能力を有するなど、かなり糾問主義的制度であったので、日本国憲法のもと、現行刑事訴訟法は公判中心主義を強化し、この制度を廃止したのです。

喜美の予審が開始された期日は、明らかでありませんが、倉吉が残していた、「勾留更新決定」で、喜美に対し、

昭和八年十二月四日被告人ニ対シテ為シタル勾留ハ尚ホ継続ノ必要アルヲ以テ昭和九年二月四日ヨリ之ヲ更新ス

昭和九年一月十一日

東京地方裁判所予審判事　安齋保

とありますので、喜美が特高警察のブタ箱から、市谷刑務所に移された期日は、一九三三年十二月四日であることが確認できます。安齋保による「勾留更新決定」は、その後、二カ月毎に、九回「勾留更新決定」が出されています。最後の更新決定は一九三五年七月四日より勾留を更新するものです。予審がどのように行われたかを示す記録は何も残されていません。

一九三五年六月二十六日、東京刑事地方裁判所予審判事安齋保が、喜美に対して行った、予審終結決定の全文を、次に載録します。治安維持法違反被告事件関係の予審終結

決定は、三・一五事件、四・一六事件の統一公判関係のものなど重大事件に関するものは、復刻されて、残っているものもありますが、喜美のように、被告人に交付された謄本が残っているものは稀です。

喜美に対する予審終結決定の謄本は、喜美が市谷刑務所でもっていたもので、栃木刑務支所に下獄する際宅下げされ、倉吉が大切に保存していたものです。これは、数少ない喜美の遺品の一つとしてとても、貴重な資料です。

喜美に対する「予審終結決定」全文

昭和八年豫第一、〇八五號被告人　市谷刑務所在監

飯島喜美殿

豫審終結決定

本籍　千葉縣海上郡旭町ニノ二千百二番地

住所　不定

無職

飯島喜美

當二十五年

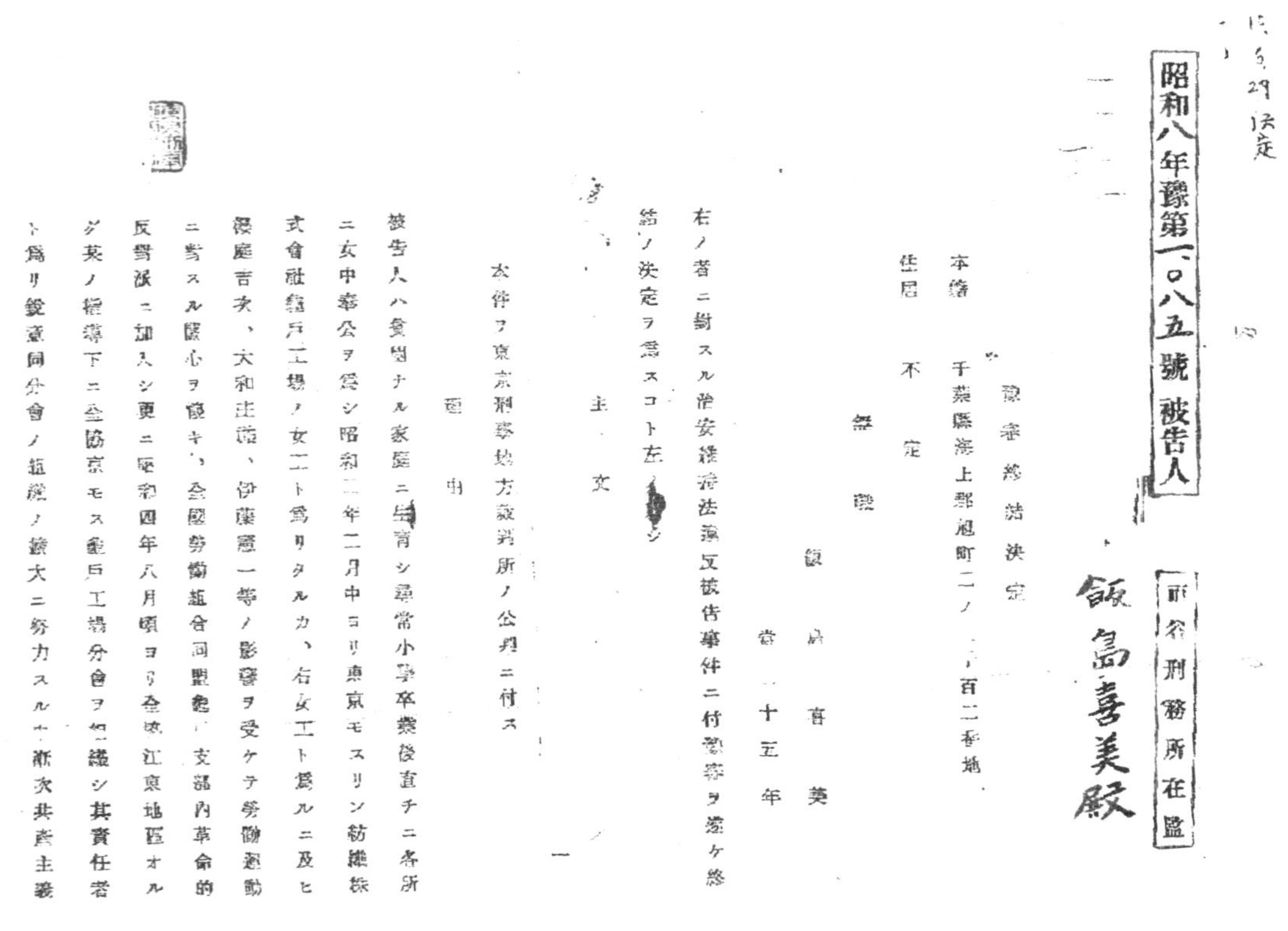

8.5.29 決定

昭和八年豫第一〇八五號被告人　市谷刑務所在監

飯島喜美殿

豫審終結決定

本籍　千葉縣海上郡旭町ニノ二千百二番地

住居　不定

無職

飯島喜美

當二十五年

右ノ者ニ對スル治安維持法違反被告事件ニ付豫審ヲ遂ケ終結ノ決定ヲ為スコト左ノ如シ

主文

本件ヲ東京刑事地方裁判所ノ公判ニ付ス

理由

被告人ハ貧困ナル家庭ニ生育シ尋常小學卒業後直チニ各所ニ女中奉公ヲ為シ昭和二年二月中ヨリ東京モスリン紡織株式會社龜戸工場ノ女工ト為リタルカ、右女工ト爲ルニ及ヒ根底吉次、大和田[illegible]、伊藤憲一等ノ影響ヲ受ケテ勞働運動ニ對スル關心ヲ懐キ、全國勞働組合同盟總聯合支部内革命的反對派ニ加入シ更ニ昭和四年八月頃ヨリ全協江東地區オルグ某ノ指導下ニ全協東京モス龜戸工場分會ヲ組織シ其責任者ト爲リ鋭意同分會ノ組織ノ擴大ニ努力スル中漸次共產主義

右ノ者ニ對スル治安維持法違反被告事件ニ付豫審ヲ遂ケ終結ノ決定ヲ為スコト左ノ如シ

主　文

本件ヲ東京刑事地方裁判所ノ公判ニ付ス

理　由

被告人ハ貧困ナル家庭ニ生育シ尋常小學卒業後直チニ各所ニ女中奉公ヲ為シ昭和二年二月中ヨリ東京モスリン紡織株式會社亀戸工場ノ女工ト為リタルカ、右女工ト為ルニ及ヒ櫻庭吉次、大和庄祐、伊藤憲一等ノ影響ヲ受ケテ勞働運動ニ對スル關心ヲ懐キ、全国勞働組合同盟亀戸支部内革命的反對派ニ加入シ更ニ昭和四年八月頃ヨリ全協江東地區オルグ某ノ指導下ニ全協京モス亀戸工場分會ヲ組織シ其責任者ト為リ鋭意同分會ノ組織ノ擴大ニ努力スル中漸次共産主義ヲ信奉スルニ至リ次テ昭和五年五月上旬頃プロフインテルン第五回世界大會ニ於ケル日本繊維産業代表ニ選出サレ極秘裡ニ入露シ同年八月十五日ヨリ同年九月迄ノ間モスコーニ於テ開催セラレタル同大會ニ出席シ紺野與次郎、山本懸蔵、大井昌、児玉静其他ノ日本代表ト共ニ各種會合ニ參加シテ革命的勞働組合運動ノ諸指針等ニ付協議シ右代表トシテノ任務ヲ完ウシタルノミナラス同大會終了後プロフインテルン講習会ニ入リ又クートベ速成科ニ入學シテ共産主義及ヒ日本問題ニ關スル諸般ノ教育ヲ受ケタル後昭和六年十月末頃大會決定事項ノ實践、日本トノ連絡ノ回復、当時モスコーニ於テ既ニ討論中ナリシ一九三二年テーゼノ大体ノ通知等ノ使命ヲ帯ヒテ秘カニ歸國シタルモノナルガ、日本共産黨カ國際共産黨ノ日本支部ニシテ革命手段ニヨリ我カ君主制ヲ癈止シテ國体ヲ變革シ尚私有財産制度ヲ否認シプロレタリアートノ獨裁ヲ經テ共産主義社會ノ實現ヲ目的トスル非合法結社ナルコトヲ知悉シ乍ラ其擴大強化ヲ圖ラムコトヲ企テ

第一　右歸國後同年十一月中旬頃同黨中央部ト連絡シ次テ同年十二月上旬東京市内京橋銀座四丁目日本橋間ノ某喫茶店ニ於テ同黨中央委員長風間丈吉ト連絡シタル際同人ヨリ同黨ニ加入方勸誘ヲ受クルヤ即時之ヲ承諾シテ同黨ニ加入シ

第二　右入黨後

壹、同年十二月下旬頃ヨリ昭和八年一月中旬頃迄ノ間同黨中央婦人部員ニ就任シタルカ其間部長児玉静ト東京市内各所ニ於ニ於テ屡々連絡シテ

（イ）国際的婦人ノ組織ニ對スル討論

（ロ）黨及ヒ全協各婦人部ノ組織方針、特ニ婦人部ノ

活動範囲及ヒ組織形態ニ關スル討論

等ヲ行ヒ黨中央婦人部ノ政治的組織的活動方針ヲ確立シタルノミナラス昭和七年十月三十日ヲ中心トスル所謂熱海事件検擧當時迄ノ間數回ニ亘リ同市本所區林町附近某家其他ニ於テ右兒玉及ヒ同黨員宮川寅雄、關事丹後吉郎兵衛、ピイボウ事某女等ト共ニ同部會ヲ開催シ、同部ノ具体的諸活動方針、赤旗婦人版ニ對スル方針、黨大會ニ對スル同部ノ報告等ヲ協議決定シ尚自ラ全協婦人部、黨東京市委員会及ビ關東地方委員會内婦人部ヲ擔當シ、赤旗婦人版ニ工場内具体的活動ニ關スル記事ヲ執筆登載セシメタル外、右兒玉ト協力シテ同當パンフレット「婦人活動ノ任務」ヲ執筆發行セシムル等諸般ノ活動ヲ為シ

貮、其間昭和七年二月上旬ヨリ同年四月下旬迄ノ間全協婦人部内同黨フラクションヲモ兼ネ同婦人部責任者松原某其他ヲ指導シテ全協各産別組合内ニ於ケル婦人部ノ確立、全協機関紙「勞働新聞」ノ婦人版發行等ニ努力シ

參、同年二、三月頃ヨリ同年六、七月頃ノ間同黨中央委員會所属組合部々員ヲモ兼ネ同部員錦織彦七又ハ岸勝等ト連絡シテ同部ニ前示黨中央婦人部ノ方針ヲ實行セシムルコトニ努メタル外、自ラ全協産別組合中日本繊維勞働組合及ヒ日本食糧勞働組合ヲ擔任シ各組合責任者等ト連絡シ之ヲ指導シテ同組合内ニ同部ノ方針ヲ實践セシムルコトニ努力シ

四、同年五月中旬頃ヨリ同黨東京市委員長村上多喜雄等ト協力シ同黨員加藤終子等ヲ指導シテ同市委員會内及ヒ其所属地區委員會内ニ婦人部ヲ確立スルコトニ努力シ、同年七月中旬頃右加藤ヲ同黨關東地方委員會及同市委員會婦人部ノ責任者ニ任命シタル外同年十月末迄ノ間ニ同市城北、城南兩地區委員會内ニ夫々婦人部ヲ確立スルコトニ成功シ各其責任者ヲ任命シタル上、以上各責任者ト同市内各所ニ於テ定期的ニ連絡シテ右各婦人部ノ指導統制ノ任ニ當リ

五、昭和八年一月中旬頃同党中央部ヨリ藤原一派ノ黨内分派行動ニ關與シタル故ヲ以テ前敍中央婦人部員ノ地位ヲ貶知セラレ次テ同年二月上旬頃黨中央部ヨリ同黨員トシテ日本共産青年同盟内ニ於テ活動スヘキ旨ヲ命セラレルヤ之ニ服シ同年四月中旬頃ヨリ同年五月二十一日頃（被告人検擧當日）迄ノ間、同々盟神奈川地方組織（當時静岡縣ヲモ含ム）再建ノ為巡回オルグトシテ屡々静岡縣下各地ニ出張シ、三好、望月、菊池、

山本某ヲ夫々同盟又ハ黨員ニ獲得シタル上同年五月中旬頃東京市内上野附近某喫茶店ニ於右望月、三好兩名ヲ同盟中央組織部長山本某ト會合セシメテ同縣ニ於ケル今後ノ同盟活動方針ヲ協議決定セシムル等同縣下ニ於ケル同盟組織ノ確立ニ努メ

以テ右日本共産黨ニ加入シ同黨ノ目的遂行ノ為メニスル行為ヲ為シタルモノナリ

以上ノ事實ハ治安維持法第一條第一項後段第二項刑法第五十四条第一項前段第十條ヲ適用處斷スヘキ犯罪ニシテ然カモ之ヲ公判ニ付スルニ足ルヘキ嫌疑アルヲ以テ刑事訴訟法第三百十二條ニ則リ主文ノ如ク決定ス

昭和十年六月二十六日

東京刑事地方裁判所　豫審判事　　安齋　保

右謄本也

昭和十年六月二十九日

東京刑事地方裁判所

裁判所書記　　長谷川信吉

この喜美に対する「予審終結決定」の特徴は、第一に、喜美の亀戸工場時代の活動について、具体的事実がほとんど書かれていないことです。

第二にそれとの関係で、喜美が日本共産党に入党したのは、四・一六弾圧直後の五月だったのを、プロフィンテルン大会より帰国後、一九三一年十一月中旬頃、中央委員長・風間丈吉に勧められて入党したと誤って記載されています。治安維持法違反の最も重要な構成要件は、いつ入党したかですが、この肝心な部分が誤っていることです。

喜美は、亀戸工場時代の活動について、供述しなかったことを物語っていると思われます。

第三に、中央本部婦人部の時代に喜美がどれだけ多くの仕事をしたのかは、『赤旗』「婦人活動ノ任務」全協機関紙『労働新聞』ノ婦人版發行等などが書かれています。

喜美が検挙される以前に、熱海事件で風間丈吉は検挙され、転向し昭和八年共産党より脱党、喜美より七カ月ほど前の五月十七日に起訴されています。中央婦人部長・兒玉静子、山本正美やスパイなどの供述にもとづいて作成された部分が多いように思われます。

喜美は、転向を迫られましたが、命をかけて転向を拒んだのでした。

当時の豫審の取り調べがどのように行われたか詳しいことは何一つわかっていませんが、真冬の十二月から翌年六月まで七カ月間における密室の予審室で取り調べで、特高

警察の中川らによる拷問で発症した結核を、一層悪化させることになりました。

(四―六) 東京刑事地方裁判所における公判と判決

一九三五年八月十九日公判開始

喜美に対し、一九三五年八月十九日午前九時、公判を開延するので、東京刑事地方裁判所第八部第四号法廷に出頭を命ずる次の「公判期日召喚状」を発行しています。

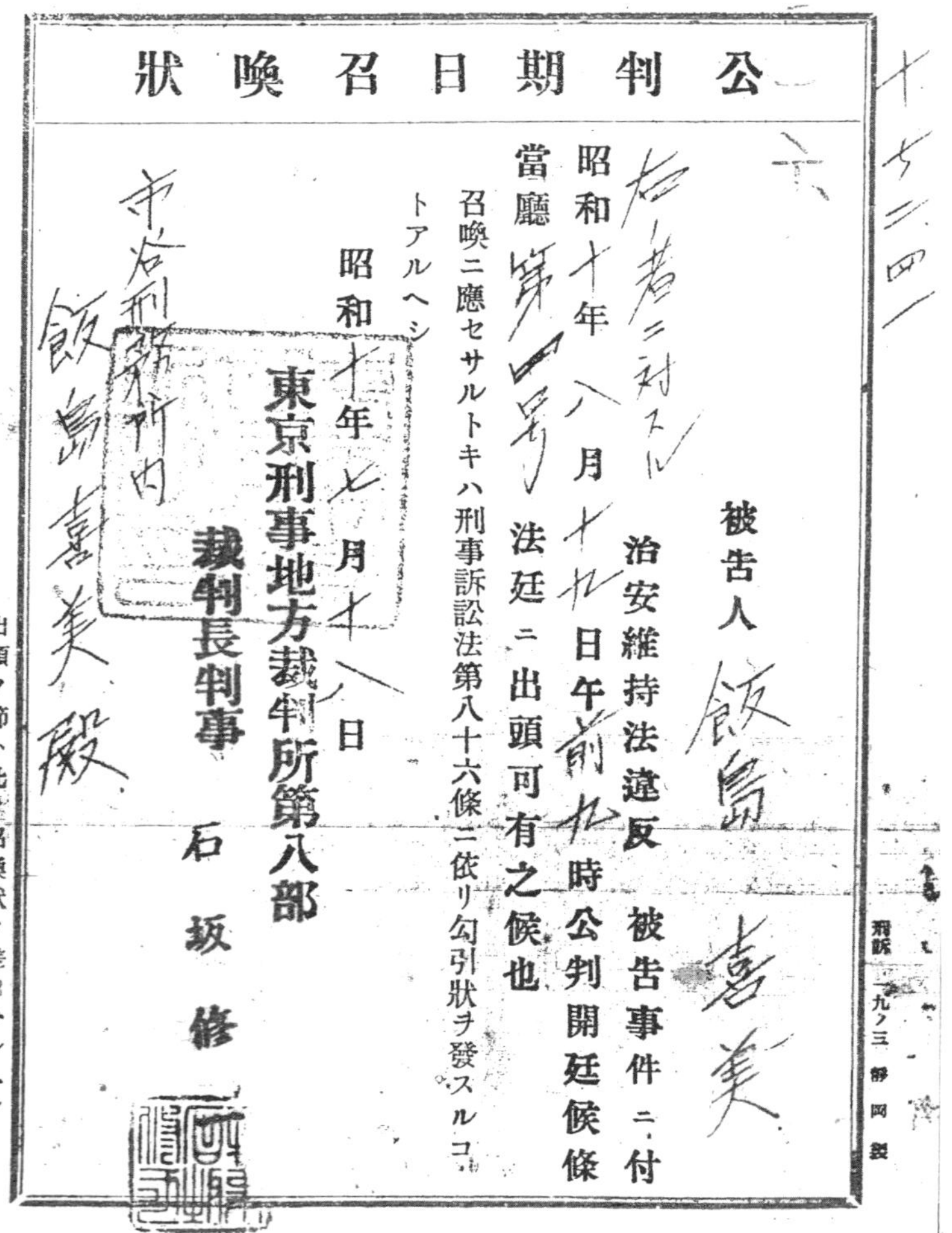
公判期日召喚状

被告人　飯島喜美

右ノ者ニ対スル治安維持法違反被告事件ニ付

昭和十年八月十九日午前九時公判開廷候條

當廳第四号法廷ニ出頭可有之候也

召喚ニ應セサルトキハ刑事訴訟法第八十六條ニ依リ勾引状ヲ發スルコトアルヘシ

昭和十年七月十八日

東京刑事地方裁判所第八部

裁判長判事　石坂修

市谷刑務所内　飯島喜美殿

出頭ノ節ハ此ノ召喚状ヲ差出サルヘシ

▲　公判期日召喚状

公判期日召喚状

被告人　飯島喜美

右ノ者ニ対スル治安維持法違反被告事件ニ付、昭和十年八月十九日午前九時公判開廷候条、当庁第四号法廷ニ出頭可有之候也

召喚ニ応セサルトキハ刑事訴訟法第八十六条ニ依リ拘引状ヲ発スルコトアルヘシ

昭和十年七月十八日

東京刑事地方裁判所第八部

裁判長判事　石坂修一

喜美に対して、「八月四日ヨリ之ヲ更新ス　昭和十年七月二十六日　東京刑事地方裁判所第八刑事部　裁判長判事　横山光彦　判事　高林茂男　判事門田實」とする、勾留更新決定が出されています。この決定は、昭和十年六月二十六日、東京刑事地方裁判所豫審判事安齋保が、「本

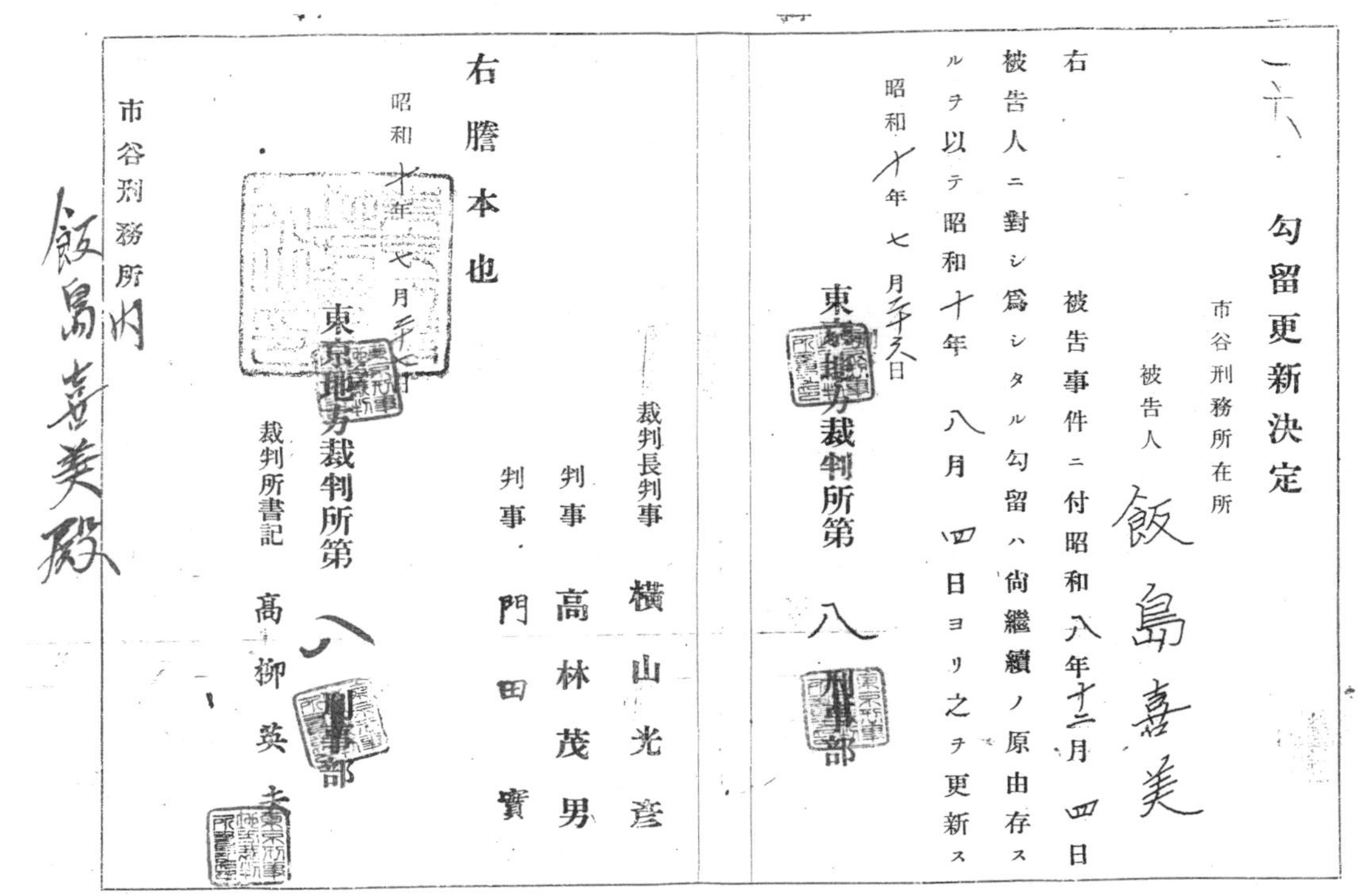
勾留更新決定

市谷刑務所在所
被告人　飯島喜美

右被告事件ニ付昭和八年十二月四日被告人ニ對シ爲シタル勾留ハ尚繼續ノ原由存スルヲ以テ昭和十年八月四日ヨリ之ヲ更新ス

昭和十年七月廿六日
東京地方裁判所第八刑事部
裁判長判事　横山光彦
判事　高林茂男
判事　門田實

右謄本也
昭和十年七月廿七日
東京地方裁判所第八刑事部
裁判所書記　高柳英夫

市谷刑務所内
飯島喜美殿

▲　横山光彦裁判長、高林茂男・門田實判事よる勾留更新決定

件ヲ東京刑事地方裁判所ノ公判ニ付ス」と予審終結決定をなした結果、喜美の身柄が東京刑事地方裁判所第八刑事部に移管されたことを示しています。勾留更新決定書の右肩空欄に「女　一ノ一三、一六」と鉛筆書のメモがあり、これは、市谷刑務所の室番号あるいは拘留者番号なのだろうかと推測されます。

この「勾留更新決定」は、石坂修一が公判期日召喚状を発行した直後に、横山光彦と裁判長を交替したことを示しています。喜美の公判の裁判官は、裁判長判事横山光彦、判事高林茂男（右陪席）、判事門田實（左陪席）でした。

石坂は戦後、広島高裁長官時代に、松川事件で仙台高裁の鈴木禎次郎裁判長に、第二審判決の日付の手紙を送りました。その中で、

判決が客観的事実に符するや否やに心を煩わす勿れ、それを真に判定することは天のみ之をよくするのであって人の事でない。相手方の納得したるか否やについても思いを馳せる必要はない。

と、驚くべき反動的な裁判哲学を披露して、鈴木不当有罪判決に激励をおくりました。後に、石坂は最高裁判事に栄転し、松川事件上告審の審理に関与する立場となりました

が、松川弁護団は石坂のこの手紙を暴露して、石坂の忌避を申し立てました。石坂は忌避の決定に先立って、自ら松川事件の審理を回避しました。石坂の回避は、松川裁判完全無罪となる一因となりました。これまでの文献は、喜美の公判判事石坂としていますが、これは誤りです。

喜美の公判の左陪席裁判官・門田實は、後に一九六一年八月八日松川事件差戻し審で、全被告無罪の判決を行った裁判長です。石坂と門田がともに、喜美の治安維持法被告事件の裁判にかかわったことを知る人は、少ないのではと思はれます。

東京地裁における公判が何回開廷されたか、自由法曹団の弁護士が治安維持法違反で検挙されていたので喜美の弁護人は官選弁護士だったのか、また判決はどのようなものであったたか、裁判記録は全く残されていません。

公判は、予審判事が行った「予審終結決定」が証拠として提出され、即決判決に近いものであったと思われます。

東京刑事裁判所の判決は、十月四日より更に勾留を更新する決定が為されていませんので、九月中旬に出され、十月三日以前に一審判決が確定したはずです。刑は懲役七年あるいは八年といわれていますが、判決文が残されていませんので確かなことは分かりません。

しかし、東京で三・一五事件、四・一六事件の統一公判に立ち合った、戸沢重雄検事が、治安維持法違反者に対する刑罰の基準について次のように書いています。

三・一五事件、四・一六事件に対する刑の量定の標準は本省初め検事総長検事長検事正その他の御指揮を受けて決まったものであります。日本共産党の場合でありますと日本共産党に加入しただけで五年、色々活動すればそれに応じて加重することは勿論であります。党の目的遂行に付いては三年、それから共産主義青年同盟に完全加入した者については四年、色々活動あればそれに応じて加重する。それから同盟の目的遂行は大体三年或ひは二年、兎に角二三年の所で求刑するといふことになって居ます。其の他組織者役員指導者たる任務に従事した者は法律で加重刑を定めています。（戸沢重雄「思想犯罪の検察実務に就いて（一九三三）」『現代史資料（16）』）

この基準によると、喜美は、七年か八年であったといわれていることは、相当だと思われます。

『思想月報』では懲役三年とありますが、判決書がないので、確かなことは分かりません。

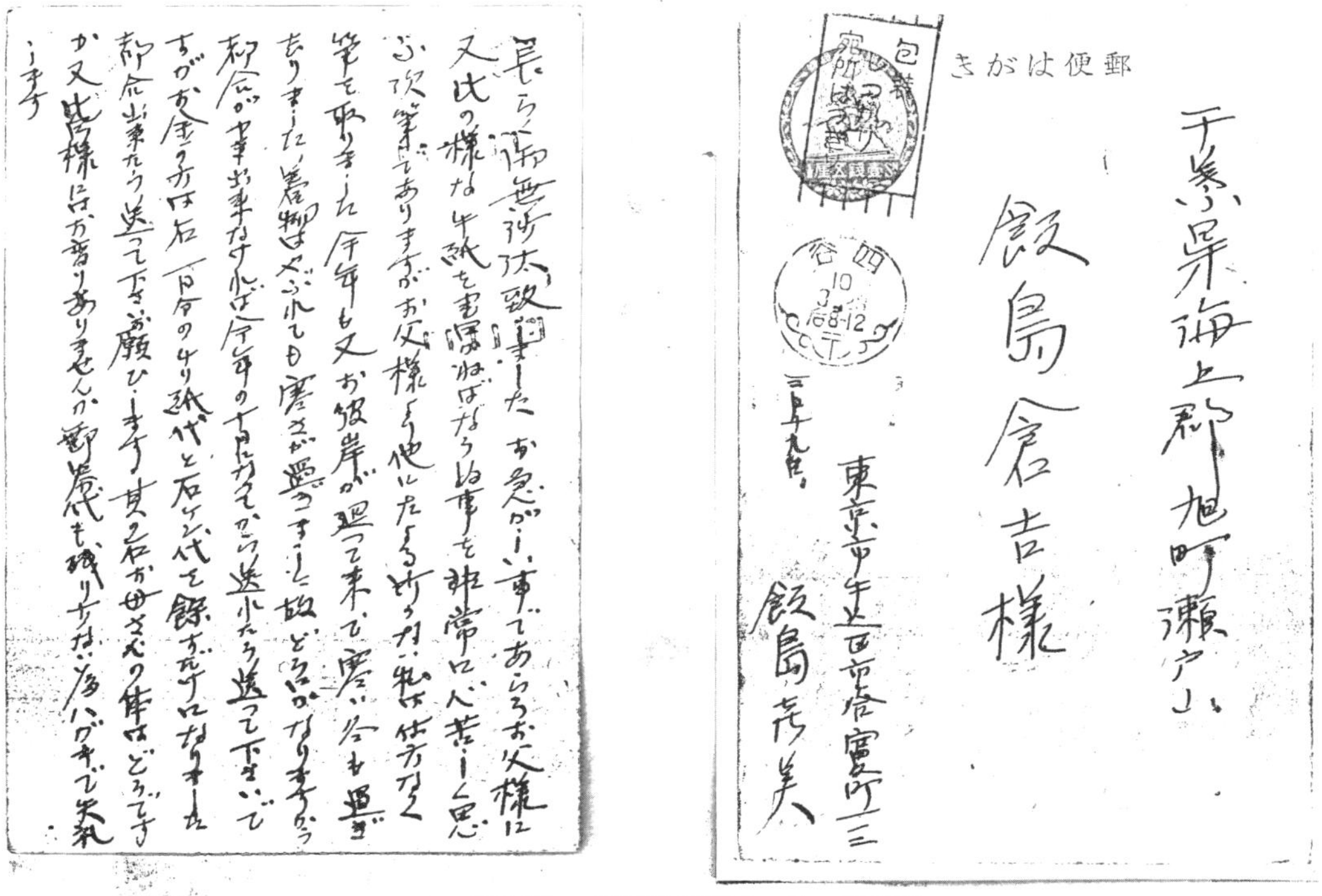

▲　喜美唯一の自筆の遺品　父への葉書

東京モスリン亀戸工場で、共産党員として工場内で「無青」配付責任者であった森元ヤエには、昭和六年十二月懲役四年の実刑判決が出されています。

喜美自筆の唯一の遺品

予審中の市谷刑務所から倉吉に宛てた壹銭五厘ハガキを、倉吉が大切に保存していました。この葉書が、喜美自筆の唯一の遺品です。

喜美から父・倉吉へのハガキの写真を示し、全文を読み下しておきます。

ハガキの表面
千葉県海上郡旭町瀬戸山
飯島倉吉様
東京市牛込区市ヶ谷富久町一一二
三月十九日　　　　　　　　飯島喜美

消印に「四谷10　3・23　后8―12」とありますので、喜美が十九日に書いてから二十三日まで、検閲をされていたのでしょう。

ハガキの裏面の喜美の文面

父様に
長らくご無沙汰致しました　お急がしい事であらうお

又此の様な手紙を書かねばならぬ事を非常に心苦しく

思　ふ次第でありますがお父様より他にたよる所のない私は仕方なく　筆を取りました今年も又お彼岸が廻って来て寒い冬も過ぎ去りました着物はやぶれても寒さが過ぎました故どうにかなりますから　都合がつき出来なければ今年の十月になってから送れたら送って下さいで　すがお金の方は后一日分のチリ紙代と石ケン代を餘すだけになりました

都合出来たら送って下さいお願ひします其の后お母さんの体はどうですか　又皆様にはお変りありませんか
郵券代も残り少ない為ハガキで失礼　します

紡績女工にとって、実家への仕送りは、よろこびや誇りであったのです。「所持金があと一日分のチリ紙代と石ケン代を余すだけとなりました。都合出来たら送って下さいお願ひします」と切羽詰って親に懇願する喜美の胸中は、察するに余りがあります。

喜美が検挙されたのは前年の五月二十一日でしたので、ほぼ一年間、一枚の着物で、警察署をたらい回しにされ、市谷刑務所から霞が関の東京地方裁判所へ引き立てられて通ったのでした。

安齋保予審判事は、予審終結が目前に迫った、七月五日にやっと、喜美に対する、他人との接見・書類の授受の禁止を解除しました。

喜美に、救援会の関係者と思われる、片山松子から送られたハガキを、倉吉は大切に保存していました。

片山松子（中野区大和町一五六）より。牛込区富久町百拾弐（市谷刑務所）の喜美に本二冊を差し入れたことを知らせたハガキ。

お便りもせず、差入れもせず、まことに済みませんでした。今日、岩波文庫本の「ダーウィン伝」と「近代民主政治第二巻」とを入れました（郵送）

裁判の進行状況は如何ですか、予審済みましたか。接見の方は？　御便り願います。暑さきびしい折柄くれぐれも御身大切に。　七月十六日

喜美はかつて、京モス犠牲者救援会を組織し、大和庄佑、伊藤憲一、桜庭吉治、鈴木清などに救援金を送り、公判傍聴を組織していました。しかし、喜美が検挙され裁判にかけられた時期には、救援会と自由法曹団が治安維持法で弾

圧されていたため、喜美は孤立無援の状態で、市谷刑務所にぶち込まれていたのでした。

（四―六）喜美栃木刑務支所に収監

喜美は、控訴しなかったので、遅くとも十月三日までに、栃木刑務支所に収監されたはずです。そして、十二月十八日に獄死します。瀕死の重症の喜美が、裁判中に死ぬのを恐れた権力が、もう十分苦しめたから、刑務所に送り、そこで獄死させようとしたとしか考えられません。一九三三年五月二十一日に検挙されてから、同年十二月三日までは、特高の手中におかれました。その後予審が終結し東京刑事地方裁判所に移る昭和十年八月三日まで、予審判事安齋保の手中におかれました。この間、二年二ヶ月という驚くべき長期にわたる勾留の間に、若くて健康な喜美が、結核で生命が絶たれるほどの残虐な処遇を受けたのでした。

治安維持法弾圧犠牲者の中で、未決拘留中・服役中の獄死者は一二八人という驚くべき多数にのぼりますが、喜美もその中の一人でした。喜美がなぜ死んだのか、病名すら明らかにされていません。

林芙美子の刑務所見学記

喜美が収監された刑務所は、宇都宮刑務所の支所だったので栃木刑務支所とよばれていました。刑務所の跡地に、栃木市栃木文化会館が建てられています。この、会館ロビーには佐藤忠良作「娘の像」が展示されています。

喜美が獄死した翌々年の一九三七年に、林芙美子が栃木刑務支所を取材して、「新生の門――栃木の女囚刑務所を訪ねて」という随筆を執筆しています。

白く反射した明るい栃木の町は、たいへん素朴な町におもえました。宿屋だの、バスの発着所だの、小さな飲食店だの、わたしは自動車の窓から、これらの町の景色を眺めていましたが、案外なことには、駅から刑務所まで五分とかからないところにあって

と刑務所が栃木駅から遠くない所にあったと書いています。抄録を続けます。

灰色の鉄門を入ると古い木造建ての建物がある。房の建物の入口は厚い板戸になっていて、大きな南京錠がかかっています。なかに這入ると、広い廊下を真中にして、左右二列に太い格子のはまった小さな独房の部屋々々があって、わたしは何だかそれらの部屋々々をカナリヤの巣をみているようだとおもいました。

(四―七) 刑務所の喜美に対する残酷な処遇

喜美は、栃木刑務支所でどのような処遇を受けていたのでしょうか。同じ時期に在獄していた治安維持法犠牲者の証言を聞いてみましょう。

山田（旧姓長谷川）寿子（『長い旅路』四一ページ）

栃木刑務支所に収監されていた治安維持法関係者は七人であった。兒玉静子はとし子と同じ裁縫工場で、坐っている席も比較的近かったので話をする機会も多かった。既決囚になると外界と完全に切り離されているという環境の中で深刻に物を考えることも少なく、彼女の話も普通の女が話すような話題が多かった。彼女は刑期を終えたら風間丈吉（共産党中央委員長）の出獄を待って彼と結婚するのだといった。彼女がソ連滞在中にソ連当局から、あらぬ嫌疑を受け窮地に陥ったことがあったが、その時風間が助けてくれたというのである。その時以来この人と結婚しようと決めたのだ、と兒玉はおのろけまじりに話すのであった。それは空腹時に美味しいご馳走の話をするように、ただの女として、悲しさをこのような形で話しているのかも知れないなど、複雑なきもちでとし子は聞いた。同じようなおのろけを清家トシも言った。清家の話は捕まる前に年若い男性と同棲した話である。橋本菊代は席が離れていたので話をする機会はなかった。

隣の織機工場には信多まちがいて工場に行くと顔を合わせれば黙礼する程度であった。栃木刑務支所にはこの他に飯島キミと小田切シゲノがいた。信多、飯島、小田切は非転向と思われたのであった。とし子はこの人達に対しては尊敬するしかないと考えるのであった。小田切は独房でセロファン袋貼りをずっとやっていたようであった。小田切はとし子などより遅れて入所したのであったが、あとになって工場に出たという話も聞いたような気もする。

飯島キミはとし子の房より東に寄った独房にいた。彼女の結核はかなり重症であった。とし子は飯を搬んで来る雑役婦に飯島キミの病状について幾度となく聞いてみるのであった。栃木刑務支所には病監がなかった。だから飯島キミは最後まで、二畳敷の独房におかれたままなのであった。

雑役婦は言った。

「彼女は偉いよ。一言も苦しいとも辛いとも言わないで黙って寝ているよ。」

とし子はその様子を聞くたびに一言でも慰めの言葉

をかけたいと思うのであった。

「元気に、頑張ってと伝えとくれ」と雑役婦を通じて伝言を頼むのが精一杯であった。

ある寒い朝であった。雑役婦が小声で、「あんたの仲間が死んだヨ」ととし子に知らせてくれた。寒い冬の日に、飯島キミさんは冷たい独房で死んだのである。苦しかったろう、辛かったろう、独房の壁を睨んで、とし子はただ溢れる涙を押さえることが出来なかった。

山田寿子が記憶していた、喜美と同囚の六人を、『思想月報』より抄録しておきます。

橋本菊代　二五歳　元小学校教員　関東婦人同盟書記、解放運動犠牲者救援会事務係、党員、昭和四年五月二十日、懲役三年六月。

清家　齢　二十九歳　宇和島高女、日本女子大社会事業部卒、党員、昭和四年五月二十一日、懲役四年。

長谷川寿子　二十二歳　鳥取県立高女卒　党横浜地方委員会書記、同盟中央委員、機関紙部長、アジプロ部員兼婦人部長、関西地方オルグ常任委員　昭和五年十二月二十七日起訴。

信多まち　二十七歳、実科高女中退、党群馬県地方委員会青少年婦人部長、昭和七年四月二十八日、懲役四年。

兒玉静子　二十八歳　尋小卒　党中央救援部長　昭和八年五月十七日起訴。

小田切シゲノ　二十九歳　高女中退　党関西地方書記局財政部長　昭和八年六月十七日起訴。

森田（旧姓小田切）シゲノ、元党婦人部員の証言

三度目に飯島さんにお会いしたのは、飯島さんが亡くなる年の十月ごろでした。関西で獄内闘争をしたものですから、出身が東京だというので、何のなじみのない栃木に送られました。その時は完全な独房生活ですから、顔をあわす機会もなかなかありませんでした。ところが、どうしたわけか、ある時、何かの手違いで、運動に出た時、私は飯島さんにお会いしたんです。ところが、これが飯島さんかと思うほど、二年間の間に極端にやせ衰えていましたが、大きな目だけがキラキラ燃えるように光っていました。私は思わず、かけよりましたが、お互に担当看守がついていたので、一つも言葉をかけあうことはできませんでした。あんなに痩せているのだから、病気だとわかるのに、病舎にも

うつされずにおられて、ほんとうに残念な思いでした。それから一月もたたぬうちに、飯島さんは亡くなられました。終始、飯島さんが私に与えてくださったものは、困難な中でも強く闘い、しかも純粋に確信をもって、明るく闘っている姿、そして死の直前まで敵の圧迫に屈せず闘ったということです。それが強い感銘となって残っています。（一九九五年飯島喜美没後六十年忌墓前祭『故飯島喜美追悼文集』）

橋本菊代　一九三七年八月十三日、喜美の両親に宛てた手紙

私は飯島きみ様と最後の最後にお言葉をかわすことができましたものなのであります。きみ様と警察の留置場ではからずも一室に暫く共に生活いたしまして、それから後栃木の方で偶然に一度共に入浴することを得ました。あそこでは絶対に言葉をかわすことが出来ませんのですが、一言二言丈御話しすることが出来ましたので、それが最期でしたならば、もう少し御話しすればよかったと、後で悔みました様な次第です。

その時、余りにも変わられた姿でしたので、暫くは口もきけませんでしたが、仕事をよくされてゐると驚き、且つ心配でありましたが、お互に厳重な監禁をされてゐます故、それ以後お見舞申上げます事も出来ませず、私は愚かにも、危篤状態になられたために一つの慰安として牛乳や卵を支給されてゐましたのを、未だ回復の見込みがあるので支給してゐるのだと考え、心配の中にも一種の喜びをもってゐましたのに、急に亡くなられましたの、全く驚くと共に残念でなりませんでした。

少し離れた室で仕事をしてゐましたので、忘れもしませんが、十二月十八日の午後、お線香のにおいがすると同時にカンカンとお棺のふたをする音がしましたので（その日の朝五時頃或いはと思いましたのですが、その後何の変ったこともありませんでしたので、ないと安心してゐましたので）じっとしてゐられませんでした。せめて告別でも致したく考えまして係の人を呼んだのですが、取りあって貰えませんので、上の人を呼び交渉いたしましたが、既にふたをして終ったという事で、それさえも出来ませんでした。しかし、その際病室の様子を覗くことができましたので、私達は一層きみ様の死を悼みました。多分兒玉様がお帰りになりましたら、そちらへお訪ねになりますことと存じま

す。いつも、「喜美ちゃんの家を訪ねる」、といっていらっしゃいましたから、兒玉様と後で同じ工場で働いてゐましたので、いくつもきみ様のことをお話ししてたのです。皆んな帰りましたいたんだのですが、返らぬ人ですが、いたんだのです。皆んな帰りましたならば（来年の九月にはその当時居りました私達の事件の者が全部帰りますのです）追悼会を営みたいと存じます。

風間（旧姓兒玉）静子「（私の運動史）飯島喜美さんの思い出」『運動史研究5』、三一書房

所は栃木刑務支所。昭和十年五月（十月の誤り：筆者）のある日、面会人があるというので私は一舎の物置部屋の前で、赤い囚衣を面会用の青いのに着替えていた。その時物置のとなりの房の扉が開いて赤い囚衣の人が顔を出した。ふと顔をあげた私は、その人が余り痩せているので驚いたのだが、その人の目が食い入るように私を見ているのに気付いて、それが余りにも変わり果てた病みほうけた姿の飯島さんであったのに、私は驚きとなつかしさに、すんでのことに声をあげるところだった。それよりも早く、飯島さんの死の影のしみついた顔は、なつかしい旧知の表情から、堅いつめたい表情に一変していた。なぜ？なぜ？私が転向者で、彼女は非転向で、その一事が生も死も天地一切あい入れずというのか、それとも私の思い過ごしだったのか、私は出かかった声を吞みこんだ。

十月も末になるとこのあたりは野州名物のからっ風が吹きまくる。残業をすませて舎房に帰ってみたら、飯島さんが三十房に転房になっていた。私の房から中一室へだてた隣房で、こちら側で一番隅の部屋である。いつか物置の前でぐう然顔を合わせて以来、まだ一度も見てはいない。もう一度ぐう然がないものかとひそかにそんなチャンスを覗うような気持ちになっていたが、ぐう然は遂に二度とは訪れなかった。

十一月も末の頃には飯島さんの生命は終りに近かった。刑の執行も停止され親元へ身柄引取りの通知がいった、御父さんからは家庭の事情で引き取れないから死後骨にして送り返してくれとの返事があったそうで、可哀相だ可哀相だと雑用囚の十番さんが泣いて私に話して呉れた。「もう直ぐお父さんが迎えに来ますからね……」と毎日午後になると看守たちがお菓子などを差し入れているとも十番さんが話していた。夜、就寝になってから静かに耳を敷布団に押しあてていると、

一室間にへだてた三十房の物音がきこえて来る。寝返りをする気はいや、軽く咳く声が聴きとれる。毎夜毎夜彼女が生きていることをたしかめ、明朝も無事に生きていることを祈りながら、私は眠りにつくのであった。

毎日よく晴れて強い風が吹きとても寒い日がつづいて十二月。残業をすませて一舎に帰る。三十房に灯がともっている。ああ今日も無事に生きていた。明朝は又無事なしわぶきなぞきこえるようにと祈りながら寝たのに、今暁ふと異様な気はいを感じて目がさめた。いつものように枕をはずして敷布団に耳を押し付けて三十房の物音をきき取ろうと一心になったが、今朝は何の音もきこえて来ない。まるで死の世界のようだ。夜明け前の四時頃か、彼女は死んだ。見守る人もなしに。私以外の誰も知らない。私は寝床をそっと這い出して、紙石盤上に忘れまじきこの一行を書き留めた。

昭和十年十二月十八日午前四時栃木刑務支所一舎三十房に於て肺結核にて死亡す。飯島喜美、行年二十五歳。

飯島さんの死は十八日の正午頃には工場中に知れ渡り、今日は雑居房の女囚達がいろいろの事を知らせて呉れる。引取人のないなきがらは大きな錠前の黒塗りの棺に入れられて千葉の医科大学へ解剖用に金拾円也で売り渡されるとか。あんまり悲惨な、私には泪も出ないほど乾いた頭で生や死や、人生や、考えても何もわかりはしない、ただおくめんもなくここで死んではならないと切実に思った。(一九七九・九・六)

筆者注：風間静子は、「刑の執行も停止され親元へ身柄引取りの通知がいった、御父さんからは家庭の事情で引き取れないから死後骨にして送り返してくれとの返事があったそうで、」と書いているが、後に詳しくみるが、そのような事実はなかった。風間の記憶違いか、刑務所側が悪意を以って誤った情報を雑役囚に流したのではないかと推測しています。

(四—八) 非道な喜美の遺体の取り扱い

飯島喜美文書には喜美の獄死をめぐり父倉吉に宛てた栃木刑務支所と千葉医科大学の文書が五点残されています。但し、倉吉が刑務所に宛てた文書は、飯島喜美文書にも刑務所側にも一切残されていません。喜美がどのような非道な取り扱いをされたかを示すために、発送時期順に、全てを示します。

①昭和十年十二月一日電報
キミキトクコイヘンケイムショ

②昭和十年十二月五日
栃木刑務支所
飯島倉吉殿

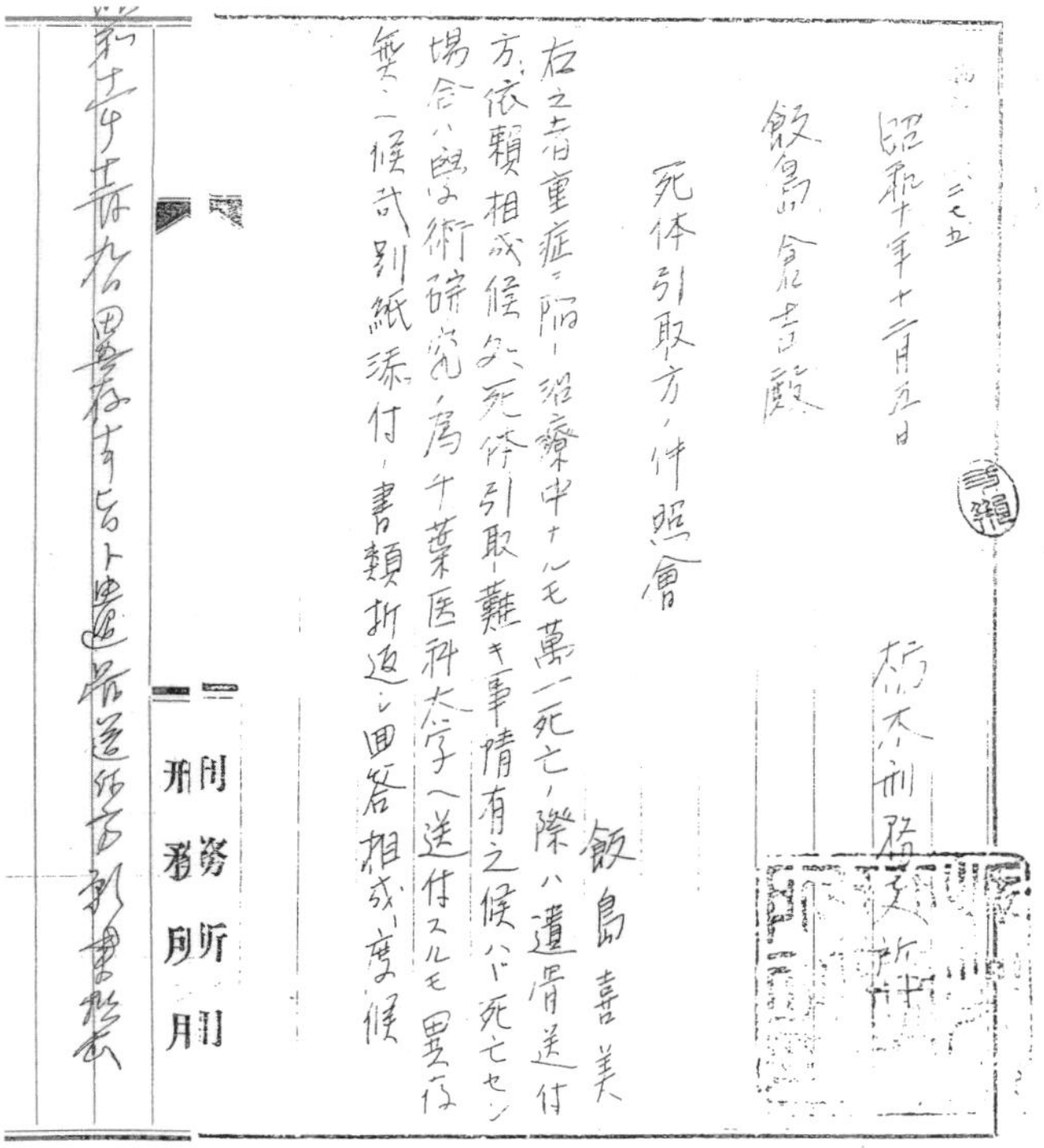
昭和十年十二月五日
飯島倉吉殿
死体引取方ノ件照会
右之者重症ニ陥リ治療中ナルモ萬一死亡ノ際ハ遺骨送付方依頼相成候処死体引取難キ事情有之候ハバ死亡セシ場合ハ学術研究ノ為千葉医科大学ヘ送付スルモ異存無之候哉別紙添付ノ書類折返シ回答相成度候
飯島喜美
栃木刑務支所

▲死亡前の「遺体引取り照会書」
（栃木刑務支所発信。1935年12月5日付）

死体引取方ノ件照会
右ノ者重症ニ陥リ治療中ナルモ萬一死亡ノ際ハ遺骨送付方依頼相成候処死体引取リ難キ事情有之候ハバ死亡セシ場合ハ學術研究ノ為千葉医科大学ヘ送付スルモ異存無之候哉別紙添付ノ書類折返シ回答相成度候

③倉吉に喜美の死を伝える刑務所からの電報（十二月十八日午前十一時）
「キミケサ五ジ　シスアトフミケイ」
日めくり暦の十二月十八日水曜日の紙に、倉吉の「喜

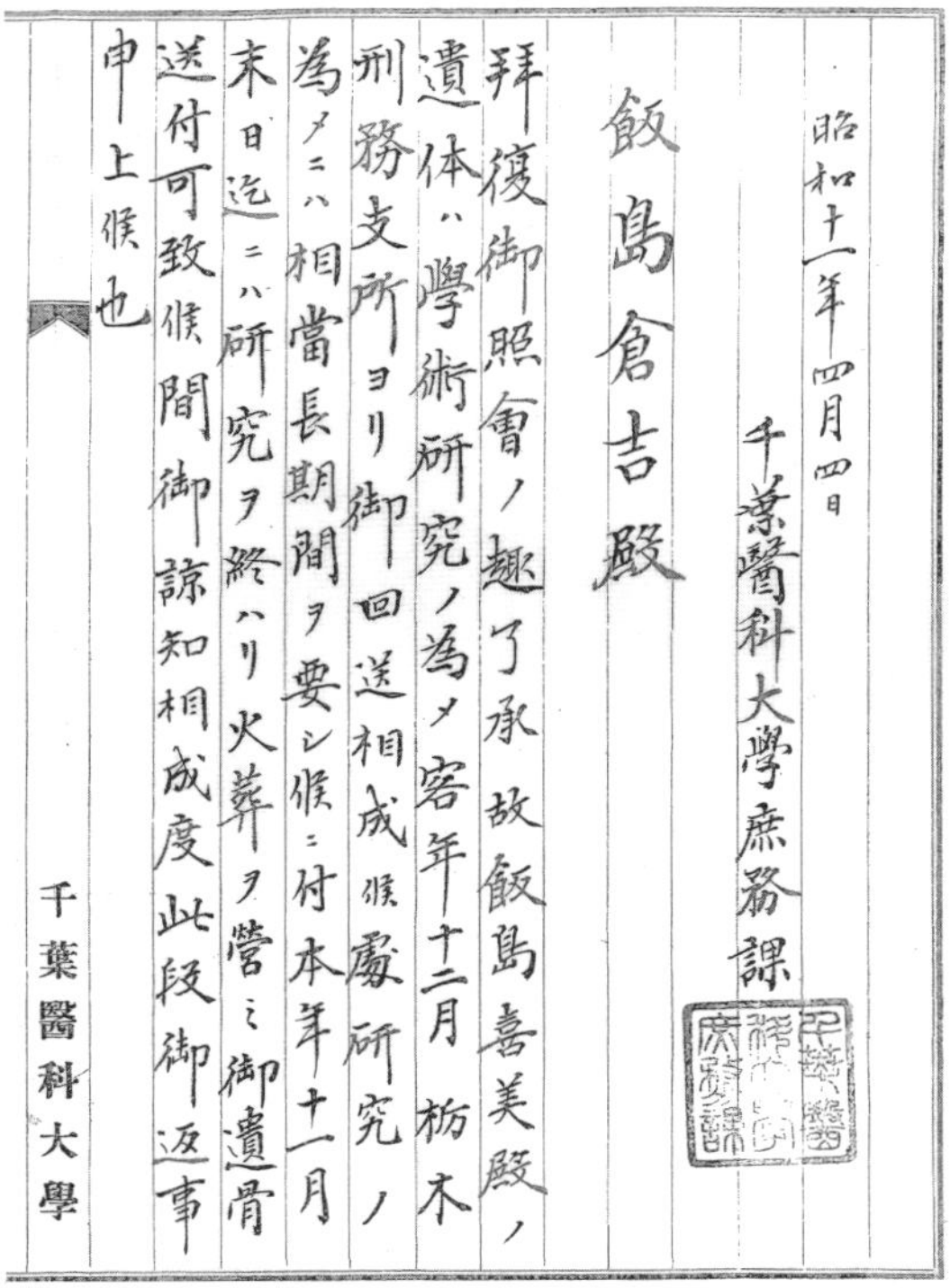
昭和十一年四月四日
千葉醫科大學庶務課
飯島倉吉殿
拝復御照會ノ趣了承故飯島喜美殿ノ遺体ハ學術研究ノ為メ客年十二月栃木刑務支所ヨリ御回送相成候處研究ノ為メニハ相當長期間ヲ要シ候ニ付本年十一月末日迄ニハ研究ヲ終ハリ火葬ヲ營ミ御遺骨送付可致候間御諒知相成度此段御返事申上候也
千葉醫科大學

▲「遺体解剖処理」を伝える千葉医科大学からの書簡（1936年4月4日付）

美死亡ノ来電」の書き込みがあります。

④遺言其他ノ件通報（昭和十年十二月二十七日　栃木刑務支所）

飯島倉吉殿

遺言其他ノ件通報

飯島喜美

右者去ル十八日死亡致シ候処本月九日付依頼相成候左記ノ通リニ有之候条此段及通報候

記

臨終當時ノ模様

臨終ニ際シテハ何等苦悶ノ状ナク睡ルカ如ク往生セリ

⑤昭和十一年四月四日　千葉医科大学よりの手紙

拝復　御照会ノ趣了承　故飯島喜美殿ノ遺体ハ学術研究ノ為メ、客年十二月、栃木刑務支所ヨリ御回送相成候処、研究ノ為メニハ相当長期間ヲ要シ候ニ付、本年十一月末日迄ニハ研究ヲ終ハリ、火葬ヲ営ミ、御遺骨送付可致間、御諒知相成度此段御返事申上候也　敬具

これらの五点の文書から、喜美がどのように、扱われたか、見てみましょう。

文書①によって、喜美が栃木刑務支所に収監されたのが十月三日頃なので、二ヶ月もたたない十二月一日に、危篤に陥っていることがわかります。喜美は、一九三三年五月二十一日に検挙されてから、一年七カ月で命が絶たれるような過酷な取り扱いを、特高警察、検察官、予審判事からうけた結果でした。

十二月一日の「危篤」の電報に、倉吉がどう対応したかは記録が残されていません。

文書②「死体引取方ノ件照会」（十二月五日付）は、倉吉から、「遺骨送付方依頼相成候」と、死亡したら火葬して遺骨を送ってほしいという要求があったが、「學術研究ノ為千葉医科大学へ送付スルモ異存無」いかという高飛車な指示を出した文書です。倉吉はやむなくこの要求に従ったのでしょう。

文書③「キミケサ五ジ　シスアトフミケイ」という十八日午前十時発信の死亡通知の電報です。

死亡すると、同囚の六人の治安維持法犠牲者の野辺送りも許さず、その日のうちに、大きな錠前の黒塗りの棺に入れて、千葉医科大学へ解剖するために送ってしまったのです。

文書④喜美が危篤に陥ったとの通知を受けた倉吉は、九日、喜美は何と言っているか聞かせるように刑務所に要望したのでしょう。その返答が、十二月二十七日付、「遺言其他ノ件通報」という文書で、「臨終ニ際シテハ何等苦悶ノ状ナク睡ルカ如ク往生セリ」という文書です。

喜美の房と一つ置いた房にいた、風間静子は、朝四時に目を覚ました時、喜美はすでに死んでいることを悟ったのでした。そして、紙石盤上に、「昭和十年十二月十八日午前四時栃木刑務支所一舎三十房に於て肺結核にて死亡す」と書き記したのです。すでに死亡している喜美を朝五時頃、巡回の看守が確認したのでしょう。臨終に際して誰一人喜美の死の床にいたものはありませんでした。とってつけたような「何等苦悶ノ状ナク睡ルカ如ク往生セリ」という白々しい嘘の報告を、刑務所は倉吉にしたのです。倉吉の戸籍謄本には喜美の死について、「昭和拾年拾弐月拾八日午前五時栃木県下都賀郡栃木町大字栃木十九番地ニ於テ死亡ニ瓶伊七報告仝月弐拾日栃木町長代理助役古川浅之助受附報告書謄本仝月弐拾参日送付」と虚偽の事実が記載されています。

文書⑤倉吉が、千葉医科大学に対して、いつ喜美の遺骨を帰すのかという照会に対し、昭和十一年四月四日付けの書面で、本年十一月末までに遺体を火葬して倉吉に送ると回答しています。

千葉医科大学の倉吉への遺骨送付状は残っていませんので、遺骨がいつ父母のもとに帰ったのか分かりません。

治安維持法弾圧事件で、獄死者数は、一二八名にのぼりますが、喜美と同じような酷い非人間的な仕打ちを受けたに違いありません。

東京モスリン大争議絵ハガキ②（1930 年7月／無産写真通信社）

▲左・夜間演説会帰路／右・昼間演説会帰路、メーデー歌を高唱／上・工場内デモ

▼上・昼食おにぎりの準備／下・争議団対策本部

V．喜美への回想と顕彰

▶東京モスリン亀戸工場の仲間たち
皆、モスリンの着物を着ています。
（中列右端が飯島喜美、後列右端が伊藤憲一）

（五—一）解放運動無名戦士墓に合葬

日本政府は一九四五年八月一四日、連合国に対しポツダム宣言を受諾し、無条件降伏しました。翌十五日正午、天皇裕仁は、ラジオ放送を通じて、肉声で、この事実を国民に伝えました。当時天皇は現人神でしたのでこの放送は玉音放送といわれてきました。ＧＨＱ（連合国軍最高司令官総司令部）は、一九四五年十月四日、「民権自由に関する指令」を発し、全政治犯釈放、思想警察の廃止、治安維持法其の他抑圧法令の撤廃などを日本政府に命令しました。

早くもその翌々日の六日には、解放運動犠牲者救援会（現在の日本国民救援会）が再建され、活動を再開しました。

十月十日、政治犯五百人が獄中から釈放されました。この日、国民救援会が準備し、主催して、東京・港区の飛行館（現在の航空会館）ホールにおいて「自由戦士出獄歓迎人民大会」を開きました。さらに十一月七日には、一ツ橋の共立講堂において、解放運動犠牲者追悼全国大会が開かれました。喜美の父倉吉もこの追悼会に参加することを予定していましたが、なぜか欠席しました。倉吉は翌年十二月二十七日病死していますので、病気のためだったのではないでしょうか。

四八年三月十八日には、第一回解放運動無名戦士墓合葬追悼会が、労農運動犠牲者追悼大会実行委員会と労農運動救援会によって挙行され、「解放運動無名戦士墓」の墓前で「合葬祭」も行われました。以後、この行事は毎年行われ、今日に至っています。合葬者名簿の中に、「飯島キミ、一九三五年死亡、所属団体東京合同」と記載されています。「解放のいしずえ」刊行会編『解放のいしずえ』日本国民救援会、一九五六年、五九ページに、

△解放運動無名戦士墓（青山霊園）

飯島キミ　一九一一―一九三五、東京吾嬬町（現・墨田区）の東京モスリンに紡績女工として働き、東京合同労組に加入、一九二九年（昭4）日本共産党に入党。翌三〇年プロフィンテルン第五回大会に代表として出席。クウトベに学んで三一年帰国、共産党中央婦人部員として東京、神奈川等で活動。三二年一〇月の熱海事件弾圧はのがれたが、翌三三年春捕えられ、栃木刑務所に服役中、二十五歳で獄死した。遺＝不明

と記載されています。

喜美生まれ故郷の「房総のいしずえ」に合葬

「房総のいしずえ」は、千葉県内の社会進歩と革新、平和と民主主義、人権・暮らしを守るなど様々な分野で活動され、志なかばで亡くなられた方々を顕彰するための顕彰碑です。

一九九五年に第一回の合葬追悼会をおこない、以後毎年行われており、千葉県の民主運動の大事な伝統のひとつになっています。

一九九六年第二回合葬追悼会には、顕彰碑が夷隅郡御宿町の御宿霊園に建立され、「房総のいしずえ」と命名されました。喜美もここに合葬されています。

喜美が最晩年に活動した静岡県における顕彰

「静岡県解放戦士の碑」に合葬

静岡県下での解放運動に参加し、たたかいの途上で亡くなった方を、顕彰し合葬する「静岡県解放戦士の碑」が、静岡市焼津山のふもとの愛宕霊園の一隅に、一九六九年四月二十六日に建立されています。喜美もここに合葬されています。喜美は一九三三年四月中旬、共青神奈川地方再建オルグとして神奈川、静岡地方で活動をはじめました。下旬には浜松市でオルグをし、共青再建に大きな貢献をしました。一カ月に満たない喜美の活動は、ながく語りつがれるほど大きな影響を浜松市の青年に与えました。喜美は浜松から帰京した直後の五月二十一日検挙されました。

(五―二) 山岸一章の喜美の業績の調査と『不屈の青春』の発行

山岸一章は、『月刊学習』の「日本共産党創立45周年記念号」(一九六七年七月号)に「ある党員の記録」「鈴木治亮同志――函館に眠れ」を掲載しました。その後、治安維持法弾圧の犠牲となり、若くして殺された多くの党員の生涯を調査し、その結果を「ある党員の記録」として連載しました。その中で、鈴木治亮、飯島喜美、加藤四海、岡部隆司、鵜沼勇四郎、津野勇、脇田英彦、藤本仁太郎及び古川苞の十人の伝記を、『不屈の青春　ある共産党員の記録』(新日本出版社、一九六九年)として出版しました。

ここで山岸一章(一九二三―一九九五)の経歴を簡単に紹介します。

山岸は国鉄大井工場で勤務していましたが、一九五〇年レッドパージで首を切られました。その時の怒りの気持ちを込めて作詞したのが「民族独立行動隊の歌」です。山岸は新聞『赤旗』の記者の仕事をしながら、作家の道に進みました。『黙秘』(東方出版社、一九六八年)を出版しています。

ベトナム作家協会の招待で、一九六四年十二月から翌年二月までベトナムの各地を歴訪して、アメリカの侵略戦争と闘うベトナム人民の姿を克明に描いたルポルタージュ『ベトナム　詩と竹と英雄の国(新日本選書11)』(新日本出版社、一九六五年)を刊行しました。

『聳ゆるマスト』(新日本出版社、一九八一年)は、多喜二・百合子賞を受賞しています。山岸は、長年、日本民主主義文学同盟の常任幹事をつとめ、文学運動の発展にも寄与しました。

山岸は、治安維持法犠牲者の記録を書くことがとても困難なことを『不屈の青春』の「あとがき」で次のように書いています。

この記録を書くための調査では全国各地の数百人の人たちに協力や助言を頂きました。

この記録にひたむきに取りくんできたのは、いま、できるだけ早く調査しなければ、戦前に亡くなった無名の共産党員の生涯は分からなくなってしまうことを知ったからでした。この記録の取材をしてくるなかで、もう一年、もう半年早く調査しに来てくれれば、一緒に活動した人が、事情を知っていた人が生きていたのにという嘆きを、いく度聞いたか分かりません。取材した後で亡くなった人もいました。

今日の私たちに、戦前に不屈に闘った共産党員の生涯の大部分が、不明になっているのは権力の虐殺や投獄、迫害が主な原因です。私は不明の壁にぶつかると、不明にしたのは敵権力だ、それを明らかにするのは殺された同志の遺志をつぐ闘いだと考えました。そう考えると、分からないままで退却することはできませんでした。たとえば、正確な年齢や死亡年月日、両親や家族を確かめるには戸籍謄本が必要でした。一枚の写真を手にいれるには遺族をたずねることが第一でした。

喜美については、「［ある党員の記録］飯島喜美同志の短い生涯に」が、『月刊学習』一九六七年十月号に掲載されました。山岸はその後調査を重ね、『不屈の青春　ある共産党員の記録』（新日本出版社、一九六九年）に「紡績労働者の飯島喜美　コンパクトに「闘争・死」の文字」を掲載しました。

山岸は、倉吉が大切に保存していた喜美に関する文書、「学籍簿」、喜美が市谷刑務所から倉吉に宛てた郵便ハガキ、喜美に対する予審終結決定、東京刑事地方裁判所の公判にかんする文書、喜美の獄死に関係して、栃木刑務支所から倉吉に宛てた連絡文書・電報、千葉医科大学からの連絡文書など、筆者が「飯島喜美文書」と名付けた多くの記録を、喜美の弟・飯島克と飯島悌から提供していただくことができました。それらは党史資料室に保存されています。

山岸が喜美の実家を訪れたとき、倉吉は一九四八年に、母ちかさんは一九六七年六月九日に七十七歳で亡くなっていて、両親から直接話を聞くことはできませんでした。しかし、喜美の弟、克〈両親の四男〉と、悌〈両親の末弟〉とお会いして、両親が喜美を深く愛していたことを知らされました。両親が大切に保存していた資料と、倉吉の戸籍謄本を提供して下さいました。そして資料を党史資料室に寄託していただきました。克が建てた、飯島家先祖代々の墓の向かって左側に「飯島倉吉之墓」と、右側に倉吉が建てた「飯島喜美之墓」がありました。この墓に喜美の遺品として葬られていた「闘争／死」という文字が刻みこまれたコンパクトを、墓から掘り出して、党史資料室に寄贈してくださいました。

特高警察によって虐殺された者、刑務所に収監中に獄死させられた者及び重篤に陥って刑務所から仮釈放され、間もなく死亡した者の、経歴については、「今日の私たちに、戦前に不屈に闘った共産党員の生涯の大部分が、不明になっているのは権力の虐殺や投獄、迫害が主な原因です」と山岸が述べているが、喜美の生涯についてかなり明らかにすることができるのは、倉吉が、「喜美文書」を一生懸命収集し、保存したからでした。喜美と一緒に活動したことのある人々が、喜美の生きざまに感動して、積極的に倉吉に情報をもたらし、写真や絵ハガキなどを、治安維持法時代のなかで、積極的に届けてくれたからでした。そして喜美文書を、喜美の弟の飯島克と飯島悌が、山岸に積極的に提供して下さり、それが党史資料室で大切に保存されているからです。

山岸一章「紡績労働者の飯島喜美　コンパクトに「闘争・死」の文字」『不屈の青春　ある共産党員の記録』（新日本出版社、一九六九年）が喜美の生涯に関する基本文献となっています。

鹿野政直の喜美の生涯に関する論文

日本近現代思想史研究者・鹿野政直早稲田大学文学部教授は、『婦人公論』（一九七二年二月号）に「埋もれた婦人運動家（2）飯島喜美」を書きました。この論文の末尾に、

> 参考文献としては、山岸一章『不屈の青春』と伊藤憲一「無名戦士の墓に」（『前衛』一三八号、一九五八年）をあげたい。とりわけ前者は、喜美についての唯一の本格的な伝記であり、わたくしも非常におせわになった。また飯島克・飯島悌・森田シゲノ・伊藤憲一・加瀬よし・山代巴の諸氏からは、貴重な資料を提供して頂いたり、おはなしをうかがうことができた。以上、心からお礼を申しあげる。

と書いています。

鹿野は、この論文が自分にとって重要な著作の一つと考えたのでしょうか、『歴史のなかの個性たち：日本の近代を裂く（有斐閣選書）』（有斐閣、一九八九年）および『鹿

野政直思想史論集第七巻』（岩波書店、二〇〇八年）に再録しています。

(五―三)　飯島喜美をしのぶつどい 故飯島喜美没後五〇年忌墓前祭

喜美の生涯を偲び、顕彰するつどいが、没後五十年を記念して、一九八五年十二月十八日、飯島家先祖代々之墓（左右に喜美と倉吉の墓石の建てられている）に住職の読経に続き参加者が詣でました。ついで本堂に集まり、しのぶ会が開かれました。喜美の生涯について、『飯島喜美追悼文集』をこの日のために作成した、日本近現代史研究者の加藤文三が語りました。主催者を代表して日本共産党千葉県委員会の中山功委員長からお話があり、また広井暢子（現：日本共産党副委員長）から、喜美等青年女性党員の不屈の生涯が語られました。生前の喜美と所縁のあった人びとから、こもごも思い出が話されました。発言の主なものは、十年後の追悼文集に掲載されています。

喜美の弟、飯島克が参加されました。

『飯島喜美追悼文集』

加藤文三（一九三〇―）は、東京都立大学卒業後、江東区立第二砂町中学校などで三三年間社会科の教師として中学生の教育に携わってこられました。加藤は教師であると同時に、日本近代史研究者で、教員生活をしていた南葛地域の労働運動の歴史研究をライフワークとされています。加藤には多くの著書や研究論文がありますが、喜美に関係するものを記します。

『川合義虎：日本共産青年同盟初代委員長の生涯』新日本出版社、一九八八年。

『亀戸事件：隠された権力犯罪』大月書店、一九九一年。

『日本近現代史の発展　上・中・下』新日本出版社、一九九四年。

『渡辺政之輔とその時代』学習の友社、二〇一〇年。

加藤が作成した『飯島喜美追悼文集』は、「一　飯島喜美年譜」、「二　飯島喜美自筆葉書」、「三　喜美の死後、父倉吉によせられた書簡」の三章からなり、旭尋常小学校の喜美の「児童成績表」と、「喜美がはだ身はなさず持っていたコンパクト」の写真が付けられています。

筆者は当時五一歳で、喜美の働いていた東京モスリンの改名会社・大東紡織本社技術部で働いていました。妻みさかは、中学卒業後紡績労働者として大東紡鈴鹿工場で働き、当時は新日本婦人の会千葉県本部の事務局長でした。喜美の遺志を継いだ労働者が参加したことで、喜美の霊を慰めることができたのではと思っています。その後六十年、七十年、八十年の偲ぶつどいがひらかれましたが、筆者はそれに参加してきました。

五十年の偲ぶつどいが喜美の生前を知る人たちが参加した最後のつどいとなりました。

故飯島喜美没後六十年忌墓前祭

故飯島喜美没後六十年忌墓前祭が一九九五年十二月十八日幸蔵寺で開催されました。参加者に、加藤が作成した『一九九五年十二月十八日　故飯島喜美没後五〇年忌墓前祭にあたって　飯島喜美追悼文集』が配られました。

五十年忌墓前祭で配布された追悼文集に、「五十年祭で語られた喜美の思い出」と「飯島喜美の論文」が加えられ、喜美の伝記が充実したものとなりました。

山岸一章と加藤文三の喜美に関するこれらの著作が、喜美の生涯を研究する者にとって最も重要な基本文献となっています。

「没後七十年　飯島喜美を偲ぶつどい」

二〇〇五年十月二十三日、旭市商工会館で開催されました。

つどいは、淺野史子（日本共産党千葉県委員会常任委員）の開会あいさつではじまりました。記念講演を、『こころざしつつたふれし少女　戦前の日本共産党員のたたかいは国民の宝』（日本共産党中央委員会出版局、一九九三年）の著者、広井暢子（日本共産党中央委員会常任幹部会委員・女性委員会副責任者、現在副委員長）が、行いました。

松本源太郎（日本共産党旭市会議員）、高田範子（日本共産党旭市委員会福祉環境部長）の挨拶があり、塙基子（日本民主青年同盟千葉県委員会副委員長）の閉会あいさつでつどいがおわりました。終了後、幸蔵寺の喜美の墓に詣で献花しました。

飯島喜美没後八十年「侵略戦争に命がけで反対した日本共産党員　飯島喜美をしのぶ集い」

二〇一五年十一月七日、千葉市／自治体福祉センターで開催

主催：飯島喜美をしのぶ集い実行委員会［日本共産党千葉県委員会、国民救援会千葉県本部、治安維持法犠牲者国家賠償要求同盟千葉県本部、日本民主青年同盟千葉県委員会］

司会　前田奈津恵（民青同盟中部地区委員長）、吉田隆寛（共産党県委員会）

開会あいさつ　浮揚幸裕（日本共産党千葉県委員長）
記念講演「飯島喜美のたたかいとその生涯から学ぶもの」
冨矢信男（治安維持法犠牲者国家賠償要求同盟中央本部顧問）
講演「東京モスリンの革命的伝統と没後八十年によせて」
玉川寛治（国民救援会中央本部顧問、元大東紡織技術者）
講演を聞いての感想や思いなど交流
閉会あいさつ　鷲尾清（日本国民救援会千葉県本部会長）

記念講演を行った冨矢は、「飯島喜美没後七〇周年　飯島喜美とその時代」と題する論文を、『不屈　神奈川版』（治安維持法犠牲者国家賠償要求同盟神奈川県本部、二〇〇五年十月、十一月、十二月）に掲載しています。またほぼ同じ内容の論文「飯島喜美とその時代」が『治安維持法と現代』（二〇〇六年秋季号）に掲載されています。

（五—四）倉吉に寄せられた喜美の思い出

喜美の死後、刑務所から宅下げされた物の中に、先に紹介した片山松子が喜美に出した葉書がありました。倉吉は、片山松子に喜美の生涯を知っている人々を紹介してくれるよう依頼しました。片山松子の依頼に応えて、倉吉に送られた手紙がいくつか残されています。これらは、喜美の生きざまを知ることのできる、かけがえのない貴重な資料となっています。

片山松子（一九三六年一月二十一日付）

先日はお手紙ありがとうございます。早速御返事を差上げる筈のところ、当方に一寸取込みがございましたもので、おそくなり誠に失礼致しました。承りますれば喜美さんが逝去遊ばされた由、実にお気の毒でなりません。深く深く哀悼の意を表します。御一家のお嘆きの程、如何ばかりかと御察し致します。私は喜美さんの友人ではないのですが、或る友人に依頼されて、入所中二回程通信した事がございましたし、喜美さんからも御返事を頂いた事がございましたが、何でも友人の話では、喜美さんは入所中差入れや通信する方がなくなってお気の毒だから、暇があったらハガキでも出して慰めて上げて下さいと頼まれた様な始末で、一度もお会いした事もないので、生前に就いては全然分かりませんので、其の友人が直接御存知かも知れぬと思い、そちらへ問い合わせて置きましたから、今暫くお待ちくださいませ。受け取り次第御返事を致しますから。では取り急ぎご返事まで。

伊藤憲一の手紙（一九三六年五月十三日付）

同志飯島喜美君のお父上様。私は貴方が片山君宛のお手紙を病床に於いて拝見いたしました。私は喜美ちゃんと同じ工場に働いたり一緒に勉強した者ですが、一九二八年七月頃首になり、更に翌二九年七月初旬、検挙。今年一月初めて再び社会に出ましたが、帰った翌日から肋膜炎を病み、二月余りねました。今では体重も六貫以上増え、すっかり丈夫になり働いています。

私の知っているような古い人がゐず、喜美ちゃんの事に就いて女工さんなどに写真のことなどを頼みましたが、返る許りでした。私の所に皆んなでとったのがありますから、それを送ろうかと、今日母と話した次第です。弟が拙い乍ら絵を書きますので、描かせようと思った所、彼も働いてゐるので、未だできません。私の写真も大方警察へ挙げられてないので、何とかしたいと思っています。

喜美ちゃんは、私がやられると直ぐ行方不明になり、一九三三年頃、日本の赤色労働組合を代表して、国際赤労組合（プロフイタン）大会へ出席の為、モスコーに行き半年程で帰り、日本共産党の婦人部長として活動し、検挙され、断固として共産主義者らしい態度を示した相ですが、右に転向するから差入を断るなぞ同志に云って来た相です。その内に調べて詳しくお知らせします。ではお身体を大切に。貴方の娘さんの仕事が実りを拾う日を待って下さい。私は今年二十五歳の成年です。多くの同志中、最後まで残ったのは、私と喜美ちゃんだけでした。

片山松子（一九三六年六月二十日付）

御無沙汰いたしました。父上様には、御機嫌ようお暮らしの御様子。誠に嬉しうございます。さて、飯島きみ様の事について、伊藤君から何かお便り差上げました由。同君は労働者で、筆の立つ人ではありませぬから、定めし充分の事は書けなかっただろうと存じます。伊藤君はたしか、きみ様等と御一緒にうつした写真を所持してゐる筈です。きみ様の伝記のようなものが出来ましたら、是非見せて下さいませ。

お送り下さいました伊藤君へのお手紙は、早速回送いたしておきましたから、御安心下さい。早々

山本正美（一九三七年五月十三日付）

突然書簡を呈しまして失礼いたします。今度御息女

喜美さんの御死去の報に接し、且って喜美さんとは生前親しくしてゐましたので、非常に残念に存じましたのと、喜美さんが自己の信念のために御里との音信を絶ってゐたことを耳にし、御両親様の御悲嘆をお察し致しまして、御哀悼方々お慰め申上げたいと存じましたからです。

喜美さんと知友になったのは確しか昭和四年末頃だったと思います。当時僕もモスクワの東洋勤労者大学で勉強しつつ片わら教鞭をとってゐましたので、喜美さんが同校に入学せられた後は、知友兼教師として親しくしてゐました。

喜美さんは、その熱意と努力と純情とで、全体の同志から愛され敬されてゐました。自己の信念に対する忠実さと共に、御両親様、特にお母様に対する感謝と愛情とを表明されてゐました。これらの点は其の後に於ても変りなかったと聞いております。

性格の上から言っても、信念の上から言っても、情操の点から言っても、全く優れてゐた友人（且教え子）を失ったことは、僕にとっても強いショックを与えました。だが、御愛子を異常な状態の下で御喪失された御両親様の御悲嘆の程は、全く深刻なものであろうと御察します。心から哀悼の意を表します。御息女は亡くなられましたが、その志は亡びてはゐないと考えますので、それで御慰安下さる様お願い致します。

突然の失礼御懐容願います。

市ヶ谷刑務所内にて、山本正美

（五―五）喜美の伝記に関する主要文献

山岸一章

「〔ある党員の記録〕飯島喜美同志の短い生涯に」『月刊学習』一九六七年十月号。

『不屈の青春　ある共産党員の記録』新日本出版社、一九六九年。

『不屈の青春　ある共産党員の記録　新版』新日本出版社、一九八四年。

鹿野政直

「埋もれた婦人運動家（2）飯島喜美」『婦人公論』六六九号、中央公論新社、一九七二年二月。

「革命運動史上の光芒　飯島喜美」『歴史の中の個性たち　日本の近代を裂く』有斐閣選書、一九八九年。

『鹿野政直思想史論集　第六巻』岩波書店、二〇〇八年。

加藤文三

『一九八五年十二月十八日故飯島喜美没後五〇年忌墓前祭にあたって　飯島喜美追悼文集』

『一九九五年十二月十八日故飯島喜美没後五〇年忌墓前祭にあたって　飯島喜美追悼文集に、「五十年祭で語られた喜美の思い出」と「飯島喜美の論文」がくわえられました。

「〝監獄よりつらい寄宿舎ずまい〟からたちあがった飯島喜美」『こころざしつつたふれし少女　戦前の日本共産党員のたたかいは国民の宝』日本共産党中央委員会出版局、一九九三年。

広井暢子

「モスクワで演説した女性労働者　飯島喜美（一九一一～一九三五）『時代に生きた革命家たち』新日本出版社、一九九八年。

冨矢信男

「飯島喜美没後七〇周年　飯島喜美とその時代」『不屈神奈川版』治安維持法犠牲者国家賠償要求同盟神奈川県本部、二〇〇五年十月、十一月、十二月）

「飯島喜美とその時代」『治安維持法と現代』治安維持法犠牲者国家賠償要求同盟、二〇〇六年秋季号。

（五―六）日本共産党史のなかの喜美

日本共産党中央委員会は、『日本共産党の五十年』（一九七二年八月）、『日本共産党の六十年』（一九八二年十二月）、『日本共産党の六十五年』（一九八八年三月）、『日本共産党の七十年』（一九九四年五月）および『日本共産党の八十年』（二〇〇三年一月）と題する党史を、五回刊行しています。これらすべての党史のなかで、治安維持法の時代における共産党員の不屈の闘争について、誇りを持って書いています。

『日本共産党の六十年』と『日本共産党の六十五年』

この間、獄中では、すくなからぬ共産党員が、あらゆる迫害や、もっともひどい生活条件に屈することなく、党と革命の旗をまもってたたかいつづけ、その不屈の闘争は、獄外の人びとを大きくはげました。

飯島喜美、相沢良、高嶋満兎《まと》、關淑子など少なからぬ婦人党員も、不屈のたたかいに命をささげた。〈六六

ページ〉

治安維持法の公布から敗戦までの間に同法による送検者は七万五千六百八十一人、逮捕者をふくめれば数十万人にのぼる人びとが、暗黒政治の弾圧で苦しめられた。

戦争の悲惨な結果は、あらゆる弾圧にもかかわらず死をとして絶対主義天皇制と侵略戦争に反対した日本共産党とその党員たちこそ、真の愛国者、民主主義者であったことをしめした。すべての政党が侵略戦争に協力、加担したなかで、人類史の進歩への確信にもえ、理性の光にてらされて、あくまで侵略戦争に反対し、主権在民の旗をかかげつづけた党が存在したことは、日本の戦前史の誇りである。

『日本共産党の七十年』
女性党員の不屈の闘争について

党中央事務局で連絡・印刷などの活動をした伊藤千代子（長野出身）、「赤旗」中央配布局で「赤旗」の配布をうけもった田中サガヨ（山口出身）、モスクワでひらかれたプロフィンテルン大会で日本初の女性労働者の代表として演説した飯島喜美（千葉出身）、共青中央機関紙「無産青年」編集局組織部の任務につき、各地に配布網組織した高島満兎（福岡出身）など、少なからぬ女性党員が、残虐な拷問、侮辱に耐え、なかには家族や親戚までが縁を切るという「非国民」あつかいのなかで、権力の弾圧に抗して不屈にたたかい、社会進歩の運動に命をささげた。獄死した飯島の遺品のコンパクトには「闘争／死」の文字が刻まれていた。高嶋は、共青農民対策部長として活動中特高におそわれ、脱出のため二階から飛び降りて、脊髄複雑骨折の重傷を負い、下半身不随のまま死去した。彼女たちが、まだ党の若い時期に、自分自身も二十四、二十五歳という若さで、身をていして共産主義運動のなかではたらいたことは日本共産党の誇りである。伊藤千代子は、三・一五事件で検挙され、拷問をうけたが屈せずたたかいぬいた。彼女の女学校の師だった歌人の土屋文明は、言論統制のきびしい戦時下の一九三五年に、理想に殉じた伊藤千代子を想起して「こころざしつつ　たふれし少女よ　新しき光の中に　置きて思はむ」とうたった。

日本共産党創立七十年記念第三十二回あかはたまつりが、一九九二年十一月一日～三日、東京都江東区夢の島公園で開催されました。日本共産党館のなかの「不屈の青春――戦前の女性党員の群像」展示コーナーで示され、飯島喜美、伊藤千代子、高島満兎、田中サガヨの四人の女性党員の不屈の生涯は、入館者に深い感銘を与えました。

『日本共産党の八十年』

戦前、少なからぬ女性党員が、天皇制政府の弾圧に抗して不屈にたたかい、社会進歩の事業に青春をささげました。

女性の活動や組織化に力をつくすなかで三三年五月に検挙され、三五年に獄死した飯島喜美の遺品のコンパクトには「闘争・死」の文字が刻まれていました。共青中央機関紙「無産青年」編集局で働き、各地に配布網を組織した高橋満兎は、三三年三月活動中特高におそわれ、二階から飛び降りて脊髄複雑骨折の重傷を負い、翌年七月、下半身不随のまま死去しました。

「赤旗」中央配布局で「赤旗」の配布をうけもった田中サガヨも弾圧にたおれた一人です。三三年十二月に検挙された田中は、獄中でチリ紙に姉への手紙を書き、「信念をまっとうする上においては、いかなるいばらの道であろうと、よしや死の道であろう（と）覚悟の前です。お姉さん、私は決して悪いことをしたのではありません。お願いですから気をおとさないでください」としるし、三五年五月に生涯をとじました。

「三・一五事件」で検挙された伊藤千代子は、天皇制権力に屈服して党と国民を裏切った夫への同調を拒否し、拷問、虐待にたえてがんばりぬき、翌年、急性肺炎でなくなりました。彼女の女学校の先生だったアララギ派歌人の土屋文明は、言論統制のきびしい戦時下の一九三五年に、理想に殉じた伊藤千代子によせて「こころざしつつたふれし少女よ新しき光の中に置きて思はむ」とうたいまいた。

彼女たちが、党の若く困難な時期に、それぞれが二十四歳という若さで、侵略戦争に反対し、国民が主人公の日本をもとめて働いたことは、日本共産党のほこりです。

志位和夫「千葉県の進歩と革命の伝統と飯島喜美」

日本共産党の幹部、宮本顕治・不破哲三・志位和夫などは、折に触れて治安維持法弾圧のなかで、不屈に闘った若き女性党員について、語ったり、書いてきました。それらの中から、喜美の地元千葉県の千葉市文化会館でおこなわれた日本共産党演説会で、志位和夫書記局長（現委員長）が行った演説のなかで喜美についての部分を『しんぶん赤旗』（一九九二年三月十八日）から引用して紹介します。

いま私は二十世紀の歴史の流れについてのべましたが、日本共産党こそこういう世界史の流れを前に進めた輝かしい歴史をもっている政党であります。戦前の暗黒政治のもとで、あの侵略戦争に反対し、国民が主人公の日本をつくろうという旗を不屈にかかげたのは、政党では日本共産党しかありませんでした。

そのために、わたくしたちのたくさんの先輩が、天皇制の政府から迫害を受けて命を落としました。治安維持法によってつかまり、拷問をうけ、獄につながれ殺されました。

こういうたたかいの中でわたしたちの郷土の千葉県もすばらしい先人をもっているということを、私はきょういいたい。わたくしがきょう紹介したいのは、飯島きみさんという若い女性の日本共産党員のたたかいです。

飯島さんは、一九一一年に千葉県のいまの旭市に生まれました。まさに生粋の千葉県人です。私は、戦前若くして命を落としたこの女性革命家の記録を調べてみまして、本当に胸を熱くする思いでした。彼女は十五歳で東京モスリンに女工として働くようになった。東京モスリンというのはあの「女工哀史」がえがかれた舞台なんです。ものすごくひどい、今の長時間労働をいっそう野蛮にしたようなやり方がまかりとおっていた。そのなかで満十六歳のときに、彼女は五百人の女工さんたちの先頭に立って、大ストライキを組織しています。たった十六歳です。

十七歳で彼女は日本共産党に入党した、そして十八歳でモスクワに行って、全世界の労働組合が集まった会議で、彼女は日本の婦人労働者を代表する堂々たる演説をやっています。そして、二十歳のときに日本共産党の中央委員会の婦人部にはいって活躍しました。

しかしスパイの手引きで検挙されることになる。大変な迫害をうけ、身体をこわして、最後は肺結核になった。しかし、これに当局はまともな手当などしません。彼女が亡くなる二週間ほど前に、彼女が入っていた栃木刑務所からお父さんあてに一通の手紙が届いた、そこにはこう書かれていたそうです。「いま、治療中だが死んだら学術研究用に解剖する」というのです。

まだ亡くなってもいない前から、死んだあとどうするかという、そういうまさに非人間的仕打ちを受けてそれに屈せず最後までたたかいぬいた。彼女がなくなったのはわずか二十四歳です。残した遺品のなかに一つのコンパクトがありました。真ちゅう製のコンパクトだったんですが、そこにはなにかで必死になって刻まれた文字として、「闘争」と言う言葉と「死」という言葉がきざまれていたそうであります。死ぬまでたたかいぬく、このことを彼女はそこに託したんですね。そのコンパクト実は党本部の資料室にありまして、いまでも大事に保存してあるんですが、そういうたたかいをわずか二十四歳の若い女性がやったんです。

飯島さんは、目玉がクリクリと輝く、「タマちゃん」という愛称でよばれていたそうでありますが、そういう乙女たちがこういうたたかいをやった。こういうたたかいは全国で無数にありました。そういうたたかいが戦前の日本共産党の不屈の歴史をつくって、日本の歴史の中に侵略戦争反対と民主主義の旗をあの暗黒の政治のもとでかかげた誇るべき勢力があったということを、日本の歴史に残してくれた。

私は、飯島さんのことをきょう紹介いたしましたが、わたしたちのこの千葉県のこの誇りある先輩のたたかいを、わたしたちは受け継いで進んでいきたい、この決意をみなさんと新たにしようではありませんか。（拍手）

第百七十二號 (一)　THEMUSANSHA-SHIMBUN (The Proletarian News)　昭和三年八月二十日

無產者新聞　月六回

全國勞働組合會議
第二回組織準備委員會
昨十九日大阪に開かる
(プログラム及び議案は本紙前號所報の通り)

關東金屬態度決定

組合會議に對する各組合の意嚮

評議會系

組合同盟

總同盟

社說
林權助の外交的成功

日本の淸算主義者は
遂に勞働者を欺瞞し得ない
無產大衆黨に關する『プラウダ』の社說

死刑をもって脅かす法律が

山川均を首領とする日本淸算主義者

無產大衆黨のアッピールに就いて
大山郁夫

全國農民團體會議
第四回委員會開かる
團結權獲得其他の鬪爭に
各勞農政黨の共同を希望

全國農民組合
第二回中央委員會
今月下旬開催に決定

合同大會に三千名參加
新潟の日農今日合同

東電爭議續報
無實の罪で檢束、拷問
馘首の口實を作くため
田町變電所の從業員を

沖電氣大崎工場
單價四割値下げ
仕上部では月二十圓減額
工場内に不平漲る

東電爭議
應援を決議
杉浦工場從業員總會で

田町工場では十一名馘首

罷業したとて
組合から除名
會社は喜んで早速解雇
許し難い組合同盟幹部の裏切

親方請負制度を
廢止せよと
芝浦工場の從業員
ストライキ決行

中間搾取に
反對して戰ふ
關東自由勞働者組合

▲　東京モスリン亀戸工場争議を報道する『無産者新聞』(下から3段目左。1928年8月20日付・172号)

Ⅵ．「闘争・死」のコンパクト、遺品、墓地等

▶「闘争・死」コンパクト（遺品）

（六―一）喜美の墓について

喜美の墓は、千葉県 旭市ニ―一二六五　飯島家の旦那寺・幸蔵寺にあります。喜美の実家（旭市ニ―一二〇二）から南西約一キロメートルの所にあります。幸蔵寺は、大坊幸蔵寺、大坊寺などとも呼ばれています。

山門の正面に、弘法大師の石造の立像があります。左側に本堂が建っています。大日如来像は、一三七三（応安六）年に造られものです。この仏像は、木造寄木造り、座高六七センチメートル、重量五四キログラムの堂々とした仏像で、古くから人々の信仰を集めています。

右側が墓地になっています。山門から最初の路を右折し、右側に飯島家の墓地があります。そこに喜美の墓石が建てられていました。

喜美の遺骨は、千葉医科大学からの倉吉に寄せた手紙には、一九三六年「十一月末日迄ニハ研究ヲ終ハリ、火葬ヲ営ミ、御遺骨送付可致候間」とあるので、その頃父母のもとに帰ったのでしょう。

風間静子は、「喜美の思い出」のなかで、次のように書いているので、喜美の墓は、一九三八年か三九年頃に倉吉

によって建てられたのでしょう。

（喜美の死から）三、四年のち私は当時の警視庁へ出向いて飯島さんの写真二枚を貰い受けてその一枚を彼女の親元へ送ってあげた。私が無事に出獄したら写真を貰ってきてお父さんに逢わせてあげたいとの、在獄中からの私の念願だった。お父さんからは大変よろこんだ返事がきて「早速仏だんに飾りました。今年のお盆までにはあの子のお墓を建ててやりたいと思っている。伊藤憲一は、「『無名戦士の墓』について」（『アカハタ』一九五八年七月二日）で、喜美の墓について次のように書いています。

喜美の生まれ故郷である旭市の角田清之助さんから手紙でしらせて呉れた。

角田さんの従妹の遠藤つると喜美は募集人高橋三郎に連れられて一緒に亀戸工場に入社した。

角田の手紙には、飯島の墓の石刷りをおくって下さった。それには、飯島喜美の墓、昭和十年、行年二十五才となっている。

伊藤は、この墓碑銘を見て、これまで、自分は喜美の名前を、「キミ」あるいは「きみ」と書いてきたが、これからは「喜美」と改めなければならない、と書いています。

山岸一章『不屈の青春』に、「一九六七年夏に千葉県旭市の大坊寺に新しくたてた飯島家の墓地」とある。鹿野政直は喜美の墓について、次のように書いています。

その墓は、初冬の陽だまりにひっそりと立っている。かろうじて五〇センチメートルはあろうかいう、つつましやかな墓である。「飯島喜美之墓」「昭和十年十二月十八日　行年廿五才」ときざまれている。（一九七二年の）数年まえ飯島家の墓がつくられてあわせて納められるまで、これが彼女の墓だった。はげしく燃焼した彼女の生涯と、まったく対蹠的なしじまのなかに、その墓はあった。千葉県の幸蔵寺、ふつう土地の人には大坊とよびならされている寺の一隅である。（鹿野正直『歴史のなかの個性たち』）有斐閣、一九八九年、三四ページ）

没後五〇年祭で筆者が詣でた時、喜美の墓は、大きな「飯島家之墓」の左にたち、飯島倉吉之墓が右にたっていました。飯島家之墓と飯島倉吉之墓は、飯島家の跡取りとなった飯島克が建立したことが墓碑銘に書かれていました。倉吉と喜美の墓石はほぼ同じ高さで、五十センチメートルほどの小さな墓石でした。飯島家では喜美の墓を父倉吉の墓と同じように大切なものとしてきたことが知られたのでした。

▲飯島喜美之墓

飯島家の墓地は、二〇〇九年飯島清によって改修され、「飯島家之墓」の墓石は「感謝　ＩＩＪＩＭＡ」と刻まれた墓石に代えられました。この改修によって、「飯島倉吉之墓」、「飯島喜美之墓」その他の墓石は姿を消すことになりました。墓碑銘は次のとおりです。

感謝　ＩＩＪＩＭＡ

平成二十一年十二月吉日

飯島清建之

墓誌

飯島家先祖代々之霊位

道恵信士　昭和二十一年十二月二十七日　倉吉　六十五才

浄恵信女　昭和四十二年六月九日　ちか　七十七才

普翁克信士　平成二十一年九月七日　克　八十八才

墓誌には、喜美の名が刻まれていませんので、「感謝　ＩＩＪＩＭＡ」の墓に、喜美が祀られていることは、分からなくなっています。

（六―二）喜美の遺品「闘争・死」と刻まれたコンパクト

党史資料室には、本書の表紙を飾っている飯島喜美の遺品、「闘争・死」という文字が刻まれたコンパクトが大切に保存されています。このコンパクトが第三十二回赤旗まつりで展示され、多くの参加者に強い印象を与えました。このコンパクトが、党史資料室に所蔵されることになった経緯について、山岸一章は『不屈の青春』で次のように記録しています。

遺品は若干の手紙と一円一銭の現金、それに真鍮製のコンパクトでした。真鍮のコンパクには何かで懸命に刻みこんだ「闘争・死」の文字がありました。死ぬまで戦い抜くという決意を刻みこんで、肌身にはなさずにもっていたのでした。

飯島喜美同志が獄死した年に生まれた末弟の飯島悌

さんは、いま亀戸で肉屋さんをやっています。悌さんにきくと、飯島同志が「闘争・死」と刻んだ真鍮のコンパクトは、一九六七年夏に千葉県旭市大田の大坊寺に新しくたてた飯島家の墓地に埋めたばかりだそうです。錆びてしまえばそれまでなので、その遺品のコンパクトは掘り出して置いて下さるように、わたしはお願いしました。

追記

遺品の真鍮のコンパクトは、その後、墓地から掘り出してもらいました。写真は、そのコンパクトです。

このコンパクトは、栃木刑務支所に持っていくことは許されず、喜美が下獄するとき取り上げられて、その他の所持品とともに宅下げされたと思われます。

コンパクトの表面に刻まれた花柄模様はロシアのものですので、喜美がソ連で求めたものか、あるいは誰かからプレゼントされたものでしょう。もしかしたら、山本懸藏からプレゼントされたのではと、筆者は秘かに思っています。紺野与次郎は、「山懸は日本からはじめて行った紡績の婦人労働者飯島喜美を心から歓迎し、よろこび、いわば階級的に可愛がった。そして彼女の報告や、大会での演説原稿づくりを真剣に指導した」と書いているので、筆者の推測は、そんなに的外れではないのでしょうか。

(六―三)「闘争・死」について

東京モスリン亀戸工場のあった南葛は労働運動、社会主義運動の盛んな地域でした。大逆事件、亀戸事件などで多くの活動家が軍隊や警察によって殺されました。南葛労働運動の指導者、日本共産党の中央幹部であった渡辺政之輔の死などが喜美の身近でおきていました。

「南葛労働者の歌」には、闘争・死をうたっています。闘争と死の歌詞を持つ労働歌がたくさんありました。

「南葛労働者の歌」の歌詞に「断頭台を血ぬるともかばねを越えて我等ゆかん　わが南葛の同志らは　いかでか迫害屈すべき」とあります。

喜美は如何なる弾圧にも屈せず戦い抜く決意を、肌身にはなさずもっていたコンパクトに刻んだのでしょう。山代巴は、「行くハ牢獄、絞首台、之告別の歌ぞ」と言ふ斗争歌を私に教へた彼女の歌ひ方は、単に歌を歌ふのではなく、自己の真実の叫びを歌つて居るやうに力強い物があつたのでしたと手記に書いていますが、喜美からコンパクトを見せてもたったことがあったんではと、筆者は想像してしまうのです。

Ⅶ．日本の魔女狩り
治安維持法の時代

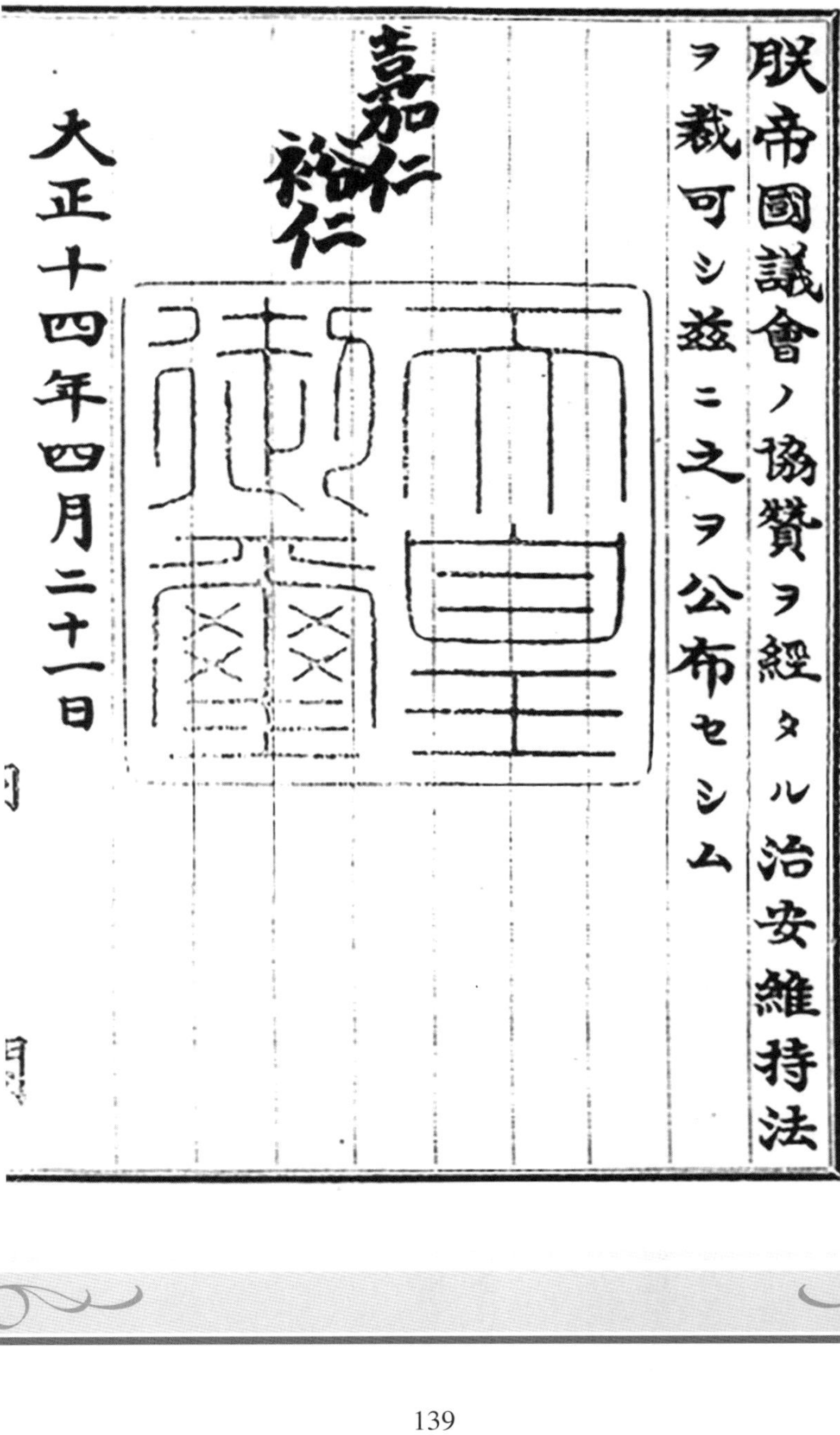

朕帝國議會ノ協賛ヲ經タル治安維持法
ヲ裁可シ茲ニ之ヲ公布セシム

天皇御璽

嘉仁
裕仁

大正十四年四月二十一日

◀治安維持法本文（国立公文書館所蔵）

（七―一）治安維持法犠牲者の全容

一九四五年十月四日GHQは、無条件降伏した日本政府に対して、「政治的、公民的及宗教的自由ニ対スル除去ノ覚書」を発し、治安維持法の廃止を命令しました。そして、勅令第五百四十二號「ポツダム」宣言ノ受諾ニ伴ヒ發スル命令ニ關スル件ニ基ク治安維持法廢止等ノ件により治安維持法は廃止されました。

治安維持法が効力を維持した二一年間を、ここでは治維法時代と呼ぶことにします。この時代に日本国内でどれだけ多くの犠牲者が出たかを、治安維持法犠牲者国家賠償要求同盟が調査・研究した結果、二〇一五年四月現在で、次の通りです。拷問で虐殺された者九十三人をふくめて、殺された者は五百十四人にのぼります。

治安維持法は、日本の植民地として統治されていた朝鮮と台湾でも施行され、死刑執行を含む、多くの犠牲者が出ています。

日本に於ける治安維持法犠牲者の数

警察署での拷問による虐殺者　九十三人
服役中・未決拘留中の獄死者　百二十八人
服役中、未決拘留中の暴行・虐待、劣悪な環境などによる発病で出獄、釈放後死亡した者（獄死者に準ずる者）二百八人
弾圧、周囲の圧力で再起できずに自死した者　二十五人
宗教弾圧での虐殺・獄死者・準獄死者　六十人
検挙者数　六万八千二百七十四人
起訴者数　六千五百五十人
起訴猶予者数　七千三百十六人
検束、拘留者数（未送検者数）数十万人

（七―二）治安維持法の歴史

治安維持法は、なによりもまず、一九二二年に創立された日本共産党を圧殺することを目的として、制定された法律です。

絶対主義的天皇制政府は、一九二五年五月、二十五歳以上の男子に納税額の制限なく選挙権をあたえる普通選挙法を公布しました。女性に選挙権をあたえないなど、大きな制限がありましたが、有権者数は、全人口の二二パーセントに拡大しました。

天皇制政府は、日本共産党が創立され、多くの国民の中で活動が活発にすすめれているなかで、普通選挙法による選挙が実施されたならば、国民のたたかいが拡がり、ロ

シア革命が日本でも起こるのではないかという危機意識を強く持つようになりました。

一九二五年四月、憲政会、政友会、政友本党などの資本家・寄生地主政党の一致した支持で、治安維持法を公布しました。

治安維持法は、日本共産党の圧殺に始まり、労働者、農民、女性、青年の戦争反対、天皇制を廃止し国民主権の日本を、さらに進んで自由が花開く社会主義・共産主義の日本をめざす運動を死刑を科すべき凶悪犯罪だと決め付けました。そして学者・研究者、宗教者、芸術家にも弾圧の手をひろげ、自由と民主主義を圧殺したのです。

治安維持法は、天皇制と資本主義制度に批判的なすべての思想と運動を犯罪として弾圧する、世界の近現代史のなかで、もっとも野蛮な法律でした。

(七―三) 治安維持法とは

治安維持法は、一九二五年四月二十一日に施行されました。その全文を示しておきます。

第一條　國体ヲ變革シ又ハ私有財産制度ヲ否認スルコトヲ目的トシテ結社ヲ組織シ又ハ情ヲ知リテ之ニ加入シタル者ハ十年以下ノ懲役又ハ禁錮ニ處ス

前項ノ未遂罪ハ之ヲ罰ス

第二條　前條第一項ノ目的ヲ以テ其ノ目的タル事項ノ實行ニ關シ協議ヲ爲シタル者ハ七年以下ノ懲役又ハ禁錮ニ處ス

第三條　第一條第一項ノ目的ヲ以テ其ノ目的タル事項ノ實行ヲ煽動シタル者ハ七年以下ノ懲役又ハ禁錮ニ處ス

第四條　第一條第一項ノ目的ヲ以テ騒擾、暴行其ノ他生命、身體又ハ財産ニ害ヲ加フヘキ犯罪ヲ煽動シタル者ハ十年以下ノ懲役又ハ禁錮ニ處ス

第五條　第一條第一項及前三條ノ罪ヲ犯サシムルコトヲ目的トシテ金品其ノ他ノ財産上ノ利益ヲ供與シ又ハ其ノ申込若ハ約束ヲ爲シタル者ハ五年以下ノ懲役又ハ禁錮ニ處ス情ヲ知リテ供與ヲ受ケ又ハ其ノ要求若ハ約束ヲ爲シタル者亦同シ

第六條　前五條ノ罪ヲ犯シタル者自首シタルトキハ其ノ刑ヲ減輕又ハ免除ス

第七條　本法ハ何人ヲ問ハス本法施行區域外ニ於テ罪ヲ犯シタル者ニ亦之ヲ適用ス

天皇の命令による、死刑

一九二八年には、天皇の命令である緊急勅令によって、

治安維持法が改悪されました。

絶対主義的天皇制を変革することを目的として、結社を組織したり、この結社の役員になった者は、死刑、無期懲役という極刑を科すこととなりました。

さらにこの改悪で最も大きな効果を発揮したものとして、結社の目的遂行のためにする行為を行ったものには二年以上の懲役刑に処す、という「目的遂行罪」が新設されました。天皇制権力は、世界に類をみない「目的遂行罪」を発明し実施して、権力の一方的な解釈で、だれでもを自由に罰することを可能にしたものです。改正治安維持法を掲げておきます。

治安維持法中改正ノ件

（昭和3年勅令第129号、緊急勅令）

朕茲ニ緊急ノ必要アリト認メ樞密顧問ノ諮詢ヲ經テ帝國憲法第八條第一項ニ依リ治安維持法中改正ノ件ヲ裁可シ之ヲ公布セシム

治安維持法中左ノ通改正ス

第一條　國體ヲ變革スルコトヲ目的トシテ結社ヲ組織シタル者又ハ結社ノ役員其ノ他指導者タル任務ニ從事シタル者ハ死刑又ハ無期若ハ五年以上ノ懲役若ハ禁錮ニ處シ情ヲ知リテ結社ニ加入シタル者又ハ結社ノ目的遂行ノ爲ニスル行爲ヲ爲シタル者ハ二年以上ノ有期ノ懲役又ハ禁錮ニ處ス

私有財産制度ヲ否認スルコトヲ目的トシテ結社ヲ組織シタル者、結社ニ加入シタル者又ハ結社ノ目的遂行ノ爲ニスル行爲ヲ爲シタル者ハ十年以下ノ懲役又ハ禁錮ニ處ス

昭和三年六月二十九日

全面改正（一九四一年三月十日）、予防拘禁の採用

アジア太平洋戦争開戦を準備していた政府は、治安維持法を全面的に改正しました。

全面改正：治安維持法（昭和十六年法律第54号）

第三章　豫防拘禁

第三九條　第一章ニ掲グル罪ヲ犯シ刑ニ處セラレタル者其ノ執行ヲ終ワリ釈放セラルベキ場合ニ於テ釈放後ニ於テ更ニ同章ニ掲グル罪ヲ犯スノ虞アルコト顕著ナルトキハ裁判所ハ檢事ノ請求ニ因リ本人ヲ豫防拘禁ニ付スル旨ヲ命ズルコトヲ得

第一章ニ掲グル罪ヲ犯シ刑ニ處セラレ其ノ執行ヲ終リタル者又ハ刑ノ執行猶豫ノ言渡ヲ受ケタル者思想犯保護觀察法ニ依リ保護觀察ニ付セラレ居ル場合ニ於テ保護

観察ニ依ルモ同章ニ掲グル罪ヲ犯スノ危険ヲ防止スルコト困難ニシテ更ニ之ヲ犯スノ虞アルコト顕著ナルトキ亦前項ニ同ジ

（七―四）安倍政権「戦後レジームからの脱却」と治安維持法

天皇制政府は、一九四五年の敗戦後も治安維持法の運用は継続し、迫り来る「共産革命」の危機に対処するため、断固適用する方針を取り続けました。九月二十六日に哲学者・三木清が獄死しています。十月三日には東久邇宮内閣の山崎巌内務大臣は、「思想取締の秘密警察は現在なほ活動を続けており、反皇室的宣伝を行ふ共産主義者は容赦なく逮捕する」方針を明らかにしました。

一九四五年八月下旬から九月上旬において、司法省では岸本義広検事正を中心に、今後の検察のあり方について話し合いを行い、天皇制が残る以上は治安維持法第一条を残すべきとの意見が出ていました。ほか、岩田宙造司法大臣が政治犯の釈放を否定しています。

一九四五年十月四日、GHQによる人権指令「政治的、公民的及び宗教的自由に対する制限の除去に関する司令部覚書」により廃止と内務大臣山崎巌の罷免を要求されました。東久邇宮内閣は両者を拒絶し内閣総辞職。後継の幣原内閣が十月十五日、昭和二十年勅令第五七五号『「ポツダム」宣言ノ受諾ニ伴ヒ発スル命令ニ基ク治安維持法廃止等ノ件』（ポツダム命令）を制定し、治安維持法は廃止されました。また、特別高等警察も廃止を命じられました。

治安維持法で虐殺・弾圧をほしいままにした特高警察・思想検事、減刑・執行猶予を餌にして転向をせまった裁判官、冷酷な処遇に徹した刑務所所員は、責任を追及されることなく、戦後自民党政治の中枢で働き続けています。

二〇一七年六月二日、共謀罪の審議をしていた衆議院法務委員会で、日本共産党畑野君枝議員が、金田勝年法相に対し、戦前の治安維持法への認識を質問しました。金田氏は、「歴史の検証は専門家にゆだねるべきだ」と答弁しました。さらに金田氏は、治安維持法犠牲者の救済と名誉回復を求めた畑野氏に対し、治安維持法は「適法に制定され、勾留・拘禁、刑の執行も適法だった」とし、「損害を賠償すべき理由はなく、謝罪・実態調査も不要だ」と言い放ちました。

戦前の暗黒政治とその中核で国民の思想・内心を徹底的に弾圧、統制した治安維持法への全くの無反省を示す重大な発言です。

畑野議員は、「二〇一五年四月現在ですが、この治安維持法犠牲者国家賠償要求同盟の調査によれば、治安維持法により、警察署での拷問での虐殺者九三人。服役中、未決拘留中の獄死者一二八人、服役中、未決拘留中の暴行、虐待、劣悪な環境等による発病で出獄、釈放後死亡した者二〇八人、弾圧で再起できず自死した者二五人、宗教弾圧での虐殺、獄死者六〇人と報告されております」と治安維持法犠牲者のなかで殺された者の数をあげて、質問を続けました。盛山正仁法務副大臣は、「畑野先生のご質問でございますけれど、戦前における治安維持法違反の被疑者に対しまして、具体的にどのような手法により捜査が行われたのか。当該捜査手法を用いた原因が同法の規定にあるのか否かについては、それに関する資料を把握しておりませんので、お答えすることは困難でございます。」答弁しました。これが、安倍首相の「戦後レジームからの脱却」の具体的な方針なのです。

安倍首相による九条改憲を阻止することは、ふたたび戦争と暗黒政治を許さない確かな道です。治安維持法などの犠牲者が中心となって、一九六八年に「治安維持法犠牲者国家賠償要求同盟」（略称—治安維持法国賠同盟）を結成し、国が治安維持法を戦争犯罪と人道に反する悪法と認めその証しとなる賠償を行うこと・いかなる国民抑圧の反動立法もつくらないことの二大要求かかげて、署名運動と国会請願を進めています。

この本を読んで下さった方にお願いです。治安維持法国賠同盟に加盟して、ふたたび戦争と暗黒政治を許さないためにいっしょに、運動をすすめようではありませんか。

おわりに

筆者は、一九五七年東京農工大学繊維学部を卒業してすぐ、東京モスリンの改名会社・大東紡織株式会社に繊維技術者として採用され、三重県鈴鹿市にあった鈴鹿工場に配属されました。中学を卒業して、集団就職してきた、一〇〇〇人近い女性労働者が働いていました。三重県、岐阜県、愛知県、長野県、新潟県の出身者が九〇%近くを占めていました。女子寮は、一〇棟あり、各棟に一〇部屋があったので、全体で一〇〇部屋ありました。居室は一五畳の居室部分に三畳の小部屋があり、南側に幅一・五メートルの廊下がありました。各人の専用部分は、幅九〇センチ、天袋が付いている押入れだけです。この押入れだけがプライバシーを辛うじて守る施設でした。寄宿舎の居住定員は労働基準法で一人一・五畳と定められていました。鈴鹿工場では合理化がすすみ、女性労働者の在籍数が九〇〇人程度になっていたので、一部屋に九人で居住していました。新入社員が入社する四月には一〇人になることがしばしばありました。労働基準法で定めている一人一・五畳は、戦前と変わらない定員です。

筆者が入社した当時の労働時間は、前番が午前五時から午後一時四十五分、後番が午後一時四十五分から午後十時三十分、労働時間内に四五分の食事休憩時間がありました。一九五八年の全繊同盟の統一ストライキで、三〇分間の深夜業を撤廃することができました。

一九五四年六月二日から九月十六日まで、近江絹糸の一〇六日間にわたる大ストライキが闘われた直後であり、六十年安保闘争を準備する時期でした。紡績労働者の多くは、向学心を燃やしながら、貧困な農村のくらしのために、高校入学をあきらめ、就職する人が多かったのでした。読むサークル・書くサークル・おんちコーラスや職場の合理化を考えるサークルなどが次々に誕生して活発に活動を始めました。九人部屋は嫌だせめて定員を六人にしてほしい、査定によって定期昇給に差をつけるのを止めて、合理化反対、高校に入学できる社会にしてほしいなど様々な要求をサークルに持ち寄って話し合い、学習を重ねました。そうした人たちが労働組合や寄宿舎自治会で積極的に活動するようになりました。ふたたび戦争をすることは許さないと安保闘争にも知恵を出し合って参加していきました。

寄宿舎自治会の文集『結晶』が発行されたのは、そんな

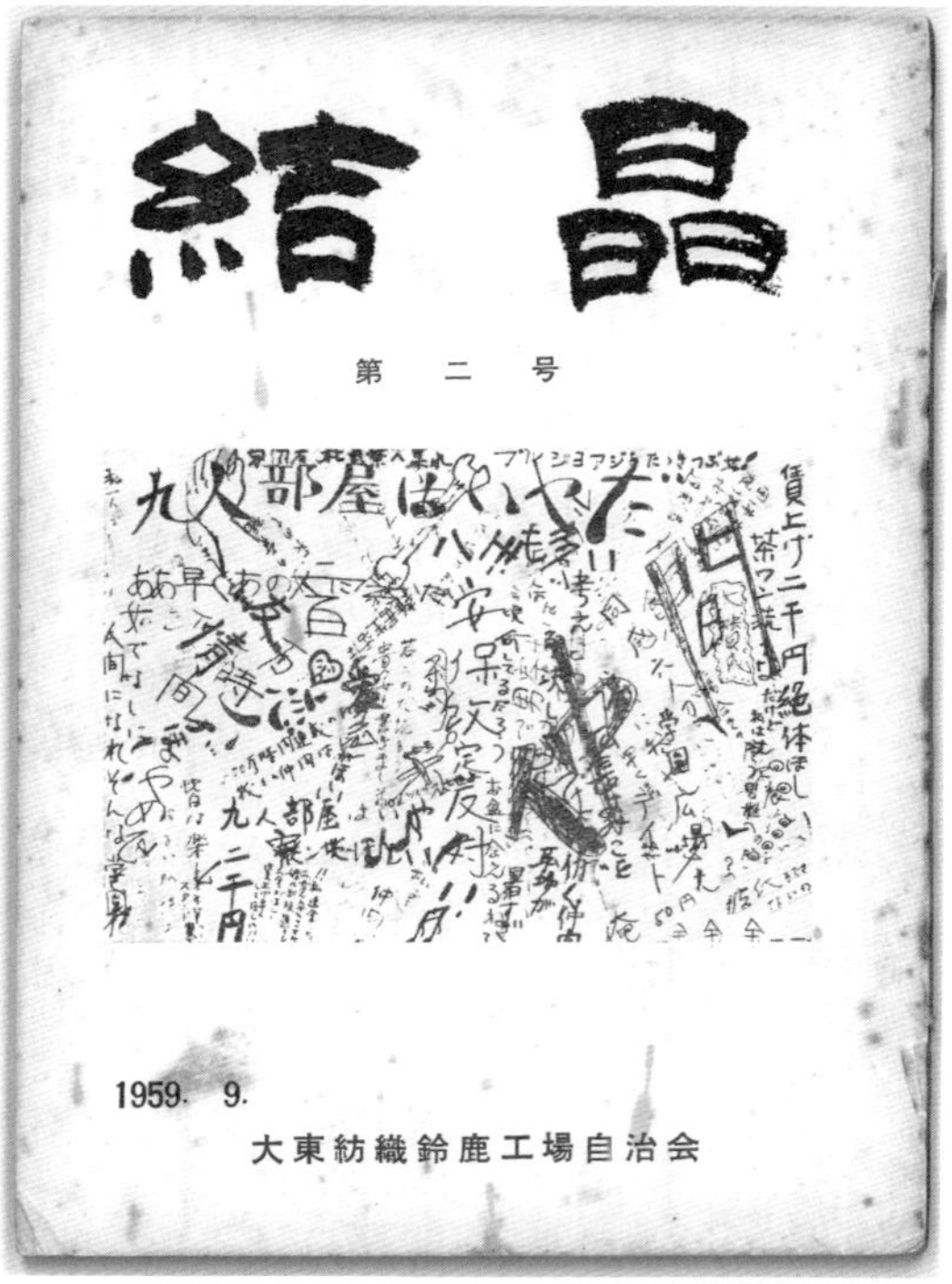

▲『結晶』の表紙

時期でした。喜美が亀戸工場で工場新聞『羊の毛』を出したことを彷彿させる出来事でした。『結晶』の表紙を示します。工場の中に渦巻く要求の多様なことに驚かれることとおもいます。

こうした活動の中で、『赤旗日曜版』の読者が増え、民青同盟班と、日本共産党鈴鹿工場細胞の活動が活発になりました。六十年安保闘争が終ると、会社、労働組合・公安警察による、思想差別攻撃が強められましたが、政党支持の自由を掲げて思想差別攻撃と闘い抜きました。

このたたかいの中で、鈴鹿工場の仲間たちは、喜美の遺志を確かに引き継いだのでした。鈴鹿工場の仲間たちとは、半世紀を過ぎたいまも、初心を貫き通そうと連絡しあっています。

私が鈴鹿工場で働いていた時、仲間たちは「紡績女工」と呼ばれることに強い嫌悪感を持っていました。本書で敢えて、「女工」という表記を使ったのは、喜美の時代の歴史的用語だったので、喜美の伝記にふさわしいと考えたからです。

労働者の呼称の変遷を簡潔に述べておきます。一八七二年に開業した富岡製糸場では、「工女」が使われていました。製糸技術を工女たちに伝授するためにフランスから招聘された女性熟練労働者は、「女工」と呼ばれました。

官営模範工場（千住製絨所、新町屑糸紡績所、愛知紡績所）では「技女」と呼ばれました。一九〇〇年頃になると、製糸工場では「工女」、紡績工場では「女工」が広く使われるようになりました。戦前政府や役所では、労働者を「職工」という用語を使っていました。

日本国憲法（一九四六年十一月三日公布）「第二十八条　勤労者の団結する権利及び団体交渉その他の団体行動をする権利は、これを保障する。」として、「勤労者」と表記しています。労働者と表記された法律は、「労働基準法」

（一九四七年四月七日法律第四九号）からはじまりました。

喜美の伝記を書くのに特別の困難がありました。治安維持法の時代、紡績労働者が、記録を残しておくことは稀有のことでした。また、生前の喜美を知る人が全て亡くなっているため、聞き取り調査をすることができないことでした。

そうした事情がありましたが、山岸一章『不屈の青春』と、加藤文三の加藤文三『飯島喜美追悼文集』という喜美の生涯に関する基本文献に導かれて本書を書きすすめることができました。

喜美の父・倉吉が大切に保存していた喜美文書を、喜美の弟・克と悌が山岸一章に提供され、そのうえ、党史資料室に寄贈され、これらを党史資料室のご厚意によってすべて閲覧させていただき、資料の写真を本書に掲載することを許可していただき、喜美の生涯を、画像で読者に見ていただけることができました。

筆者は、京モス亀戸工場および南葛紡績工場の労働者の状態と、紡績女工のたたかいをとおして、喜美の不屈の青春を描こうとこころみました。筆者の意が読者の皆さんに伝わることを願っています。

謝辞

本書の執筆にあたって、ご支援とご協力を賜った団体と個人のお名前（五十音順）を記して、深謝の意を表します。
団体：治安維持法犠牲者国家賠償要求同盟千葉県本部、日本共産党中央委員会党史資料室。
個人：荻野富士夫、久保田勉、小松実、中村日出丸、橋本伸、平野義和、宮城島正博、藤田廣登。

〔引用・参考文献〕

青柳盛雄『治安維持法下の弁護士活動』新日本出版社、一九八七年。

伊藤憲一『牢獄の青春』浅間書房、一九四八年。

伊藤憲一「無名戦士の墓に」『前衛』、日本共産党中央委員会、一九五八年三月号。

伊藤憲一「社会民主主義者指導下の青年運動」『物語青年運動史戦前編』日本青年出版社、一九六七年。

伊藤憲一『南葛から南部へ　解放戦士別伝』医療図書出版社、一九七四年。

上田誠吉『昭和裁判史論——治安維持法と法律家たち—

―』大月書店、一九八三年。

上田誠吉『治安立法と裁判』新日本出版社、一九九〇年。

大原社会問題研究所『日本労働年鑑』法政大学大原社会問題研究所。

大木傳一郎「飯島喜美さんの思いを知り、今に生かそう」『不屈千葉県版』治安維持法犠牲者国家賠償要求同盟千葉県本部、二〇一七年八月。

奥平康弘解説『現代史資料第45　治安維持法』みすず書房、一九七三年。

「解放のいしずえ」刊行会編『解放のいしずえ』日本国民救援会、一九五六年。

風間静子「飯島喜美さんの思い出」『運動史研究５』、三一書房、一九八〇年。

加藤敬事解説『続現代史資料第７　特高と思想検事』みすず書房、一九八二年。

加藤文三『飯島喜美追悼文集　故飯島喜美没後五〇年忌墓前祭にあたって』一九八五年十二月十八日。

加藤文三『飯島喜美追悼文集　故飯島喜美没後六十年忌墓前祭にあたって』一九九五年十二月十八日。

加藤文三『渡辺政之輔とその時代』学習の友社、二〇一〇年。

鹿野正直「埋もれた婦人運動家（２）飯島喜美」『婦人公論』中央公論社、一九七二年。

鹿野正直「革命運動の光芒　飯島喜美」『歴史のなかの個性たち』有斐閣選書、一九八九年。

関東大震災・亀戸事件四十周年犠牲者追悼実行委員会編『関東大震災と亀戸事件』刀江書院、一九六三年。

小森恵『治安維持法検挙者の記録――特高に踏みにじられた人々――』文生書院、二〇一六年。

紺野与次郎「飯島喜美さんのこと」『アカハタ』日本共産党中央委員会、一九六七年七月十九日。

紺野与次郎「飯島きみ同志について」『赤旗』、日本共産党中央委員会、一九七二年三月十五日
紺野与次郎「〈遺稿〉嵐のなかの青春――プロフィンテルン第五回大会に参加して」『前衛』日本共産党中央委員会、一九七九年一月号。

佐藤嘉子「飯島喜美没後60年今も理想の女性像」『ちば民報』ちば民報社、一九九五年十一月。

志位和夫「千葉県の進歩と革命の伝統と飯島きみ　志位書記局長の演説から」『赤旗』一九九二年三月十八日。

白石書店編集部『復刻版赤旗』全四巻別冊一、白石書店、一九七三年。

鈴木清「鈴木清」『日本プロレタリア文学集・31 本庄陸男、鈴木清集』新日本出版社、一九八七年。

全繊同盟史編集委員会『全繊同盟史第一巻』全国繊維産業労働組合、一九六二年。

全繊同盟史編集委員会『全繊同盟史年表：戦前編』全国繊維産業労働組合、刊年不明。

千葉県海上郡教育会編『千葉県海上郡誌』一九一七年刊の復刻版、名著出版、一九七二年。

治安維持法犠牲者国家賠償要求同盟『いまも生きている治安維持法』治安維持法犠牲者国家賠償要求同盟、一九七〇年。

治安維持法犠牲者国家賠償要求同盟『ふたたび戦争と暗黒政治を許すな　いまも生きている治安維持法』治安維持法犠牲者国家賠償要求同盟、一九九三年。

鶴丸昭彦「日本共産青年同盟中央部組織の推移」『運動史研究15』三一書房、一九八五年五月。

冨矢信男「飯島喜美とその時代①②③」『不屈神奈川版』治安維持法犠牲者国家賠償要求同盟神奈川県本部、二〇〇五年十月—十二月。

冨矢信男「飯島喜美とその時代」『治安維持法と現代No.12』治安維持法犠牲者国家賠償要求同盟。二〇〇六年。

日本共産党合法機関紙『無産者新聞』法政大学大原社会問題研究所。

日本共産党中央委員会『月刊学習　日本共産党創立45周年記念号』日本共産党中央委員会一九六七年七月。

日本共産党中央委員会宣伝部編『写真集日本共産党の歩みその45年』日本共産党中央委員出版部、一九六七年。

日本共産党中央委員会出版局『日本共産党の五十年』日本共産党中央委員出版局、一九七二年。

日本共産党中央委員会局『日本共産党の六十年』日本共産党中央委員出版局、一九八二年。

日本共産党中央委員会局『日本共産党の七十年　上・下・党史年表』日本共産党中央委員出版局、一九九四年。

日本共産党中央委員会局『日本共産党の八十年』日本共産党中央委員出版局、二〇〇三年。

日本国民救援会五十年史編集委員会『嵐に抗して　救援会50年のあゆみ』日本国民救援会、一九七八年。

日本国民救援会編集『解放運動無名戦士合葬者名簿　1948〜1997』日本国民救援会、一九九七年。

広田久治良『東京モスリンから大東紡への50年史　中』私刊、一九六七年

『不屈のあゆみ』編集小委員会『不屈のあゆみ』日本共産党静岡県委員会、一九七二年。

藤田廣登『古川苞——その不屈の生涯』古川苞追悼実行委員会、二〇一八年。

舟橋栄「当社労働時間の推移について」『ダイトウボウ——特別第一号』大東紡織株式会社、一九五一年。

舟橋栄『舟橋栄ノート』、筆者所蔵。

細井和喜蔵『女工哀史』岩波クラシックス6、一九八二年。

牧原憲夫編『山代巴獄中手記書簡集　模索の軌跡』平凡社、二〇〇三年。

松永和夫『20世紀の暗黒と抵抗の軌跡——郷土静岡の先駆者たち——』私刊本。刊年不明。

宮城島正博「静岡県における飯島喜美の足跡——資料に見る」『不屈静岡版』治安維持法犠牲者国家賠償要求同盟静岡県本部、二〇一六年九月。

宮本顕治『回想の人びと』新日本出版社、一九八五年。

山内みな『山内みな自伝　十二歳の紡績じょうからの生涯』新宿書房、一九七五年

山岸一章「〈ある党員の記録〉飯島喜美同志の短い生涯に」『月刊学習』日本共産党中央委員会、一九六七年十月。

山岸一章「二紡績労働者の飯島喜美　コンパクトに「闘争・死」の文字」『不屈の青春——ある共産党員の記録』新日本出版社、一九六九年。

山代巴・牧瀬菊枝『丹野セツ　革命運動にいきる』勁草書房、一九六九年。

山辺健太郎解説『現代史資料第14〜第18　社会主義運動1〜5』みすず書房、一九六四〜一九六六年。

吉見和子『静岡県無産青年運動の群像』同時代社、一九九二年。

吉見春雄『ひとつの航跡　静岡県労働運動の黎明』吉見春雄遺稿集刊行委員会、一九八七年。

渡辺政之輔『左翼労働組合の組織と政策』希望閣、一九三〇年。

玉川寛治（たまがわ・かんじ）

1934年　長野県松本市で生まれる
1957年　東京農工大学繊維学部卒業
　　　　大東紡織㈱で定年退職まで技術者として勤務
1994年　国民救援会中央本部副会長・東京都本部会長を歴任・現顧問
1999年　産業考古学会会長・現顧問
2017年　治安維持法犠牲者国家賠償要求同盟千葉県本部理事

主な著書
　『資本論と産業革命の時代』　新日本出版社　1999年
　『製糸工女と富国強兵の時代』　新日本出版社　2002年

女工哀史《じょこうあいし》を超《こ》えた紡績女工《ぼうせきじょこう》
飯島喜美《いいじまきみ》の不屈《ふくつ》の青春《せいしゅん》

定価は裏表紙に表示

2019 年 6 月 15 日　初版

著　者　玉川寛治《たまがわかんじ》

発　行　治安維持法犠牲者国家賠償要求同盟千葉県本部
〒 262-0032　千葉市花見川区幕張町 4-524-2
千葉民医連事務センター 203 号
TEL　043-215-7521　fax 043-215-7522

発　売　株式会社　学習の友社
〒 113-0034　東京都文京区湯島 2-4-4
平和と労働センター・全労連会館 5 階
TEL　03-5842-5641　fax 03-5842-5645
郵便振替　00100-6-179157
制　作　株式会社　プラス・ワン
印　刷　株式会社　ワーク・モア

ISBN 978-4-7617-0713-2